ひとり旅

冬乃《ふゆの》 玄《げん》

表紙絵／大國留美子

22世紀アート

序文

九州に住む人間にとって「東へ」「雪国へ」というのは好奇心を刺激する魅惑的な言葉です。この作品は、そんな言葉に触発された男の旅の記録を取りまとめた旅行記です。

初めての旅は置手紙で親に内緒でこっそりと旅立ちました。16歳、高校二年の時でした。そして次の無鉄砲な旅は大学に入った20歳の時でした。親には「京都に友達とドライブに行く」と嘘をついての旅立ちでした。

自分が親の立場になってみると、とんでもなく親不孝な息子だったと反省しています。とは言え、今まで当然のごとく享受してきたもの（食事・風呂・寝床）が、いかにありがたいものか痛感させられた旅でした。

俗に「可愛い子には旅をさせよ」と言いますが、親のありがたさを知らしめるには、子どもの好奇心を刺激して、「外の空気」を吸わせるのが一番だと思います。ただ、地球温暖化のせいか昨今の雪の降り方は尋常ではありません。すきっ腹で寒さに震えるレベルの旅で、十分に効果があると思います。

なぜ、松ぼっくりは丸いのか、なぜ、どんぐりはコロコロ転がるのか……。種子は親木の近くでは陽が当たらず育たないからです。だから種子をなるべく遠くに転がそうとします。これは植物が長い年月をかけて獲得した智恵です。

話が別の方向に飛びましたが、子どもが旅をするのは、どんぐりがコロコロ転がるのと同じです。お池にはまって大変な目に会い、ドジョウと仲良くなるのも良い経験になると思います。

ひとり旅　目次

ひとり旅

ヒッチハイク

春は名のみの

「春は名のみの風の寒さや」というのは「早春賦」の出だしの一節で私の好きなフレーズである。春三月になると、私は野生動物のように発情期を迎える。だから一番好きな季節なのかもしれない。また気候的には日本列島の南北の気温差が一番大きい時期で、九州から北海道まで移動するとそれを実感することができる。

「日本列島を旅するなら3月」と旅の通もこの時期を勧める。私の今までの旅も発情のエネルギーを発散させるためか、この時期が最も多く、16歳の時に初めての一人旅を経験した。

その年は7月にアポロ11号が月面に着陸した記念すべき年で、私にとってもそうであった。その旅とはヒッチハイクによる日本縦断で、これはその旅行記である。

旅立ちの朝

昭和44年3月7日早朝5時、こっそりと起きて、両親に気づかれないように静かに着替えて家を出た。一週間前から準備して隠していたリュックを担ぎ、その重みにこれから起こるであろう様々の困難を予感しながら、高校2年生の一人旅が始まった。

春3月とはいえ、外は真っ暗で、白い息を吐きながら大濠公園を抜けて昭和通りまで歩いて、ここで車を拾う予定だった。しかし1時間半ほど手を挙げ続けたが車はつかまらず、また通勤の時間帯になって通行人の奇異な視線に耐えられず、絶望的な状況になった。すでに家では私の置き手紙に気づいて大騒ぎになっているだろうから、いまさらおめおめと戻れないし、いきなりの挫折を味わわされた。

そこで私は方針を変更して、西鉄市内電車で貝塚まで出て、国道3号線で車を拾うことにした。そして30分ほど手を挙げ続け、香椎で記念すべき第一号のトラックに乗り込むことができた。しかしこのトラックは宗像までしか行かず、結局、細長い北九州市を抜け関門トンネルまでを出るのに8台の車の世話になった。

なんとか小月（山口県）までたどり着いて、ドライブインで遅い昼食を摂ったが、ここで早朝からの疲れがどっと出た。20キロ近いリュックの重みと睡眠不足、そして何よりも精神的な疲れが私を駐車場の片隅にへたりこませた。はたから見てかなり悲惨な様子だったらしく、気の毒がった運転手から声をかけられ車に乗せてもらうという幸運もあった。

山口市内では人通りと車の往来が多く、いくら手を挙げても車は拾えず、非常手段として交差点で信号待ちしている車にかけ寄って便乗をお願いする方法をとった。まるでストリート・チルドレンだが、福岡から100キロ以上も離れると羞恥心が薄れ、こんなこともできるようになった。

最大の危機～江津（島根）

浜田（島根県）で夕陽の美しさに感動したが、その西の方角に心配している母がいることを思うと思わず涙がにじみ、旅に出たことを後悔した。以来、旅に出ると黄昏時には望郷の念で感傷的になることが多かった。さらに車を乗り継いで、夜9時頃、江津にたどり着いた。駅前で車から降り、とにかく寒さをしのげて座れる場所を求めて駅の待合室に入った。ラグビー部で走り回っていたから、身体的なきつさは我慢できたが、なにより精神的な疲労はどうしようもなかった。精も根も尽き果てるとはこのことで、ここで旅を打ち切って帰ろうという考えが全身を駆けめぐった。

昔のままの江津駅と国道9号線。この位置に立って車に手を挙げた。

幸運な第1夜～斐川町（島根）

　この時が旅の最大の危機だった。駅待合室で下りの時刻表と睨めっこをしながら30分ほど悩んで迷った末、再び重い足をひきずって国道9号線に立った。危機を脱し、私にひとつの幸運が訪れた。すんなりと車が止まってくれ、しかも運転手が自宅に泊めてくれるということになったのである。

　自宅に案内され、深夜11時近くにもかかわらず、暖かい歓待を受けた。すでに就寝していた小学生の子ども二人も起きてきて、深夜の珍客に興味を示し質問責めにあった。出雲弁はズーズー弁なので、聞き取りづらいのはあったが、熱いお茶と炬燵そして楽しい語らいで私は心身ともに暖まり、ほんの3時間前の江津駅での絶望的な状態から完全に立ち直った。幸運な旅の第1夜は斐川町（島根県）の防風林に囲まれた農家で迎え、暖かい布団の中で眠ることができた。

2日目～鳥取砂丘

翌朝はおじいちゃん、おばあちゃんも加わった賑やかな朝食となった。おじいちゃんからは、

「無断で旅に出たというのは良くない。福岡のご両親が死ぬほど心配しとるじゃろう。今さら福岡に帰りなさいと言うわけにもいかんじゃろ。せめて電話か手紙で無事を知らせなっせ」

と、心がこもった説教を受けた。この言葉に従い、この後、私は旅先で無事を知らせる葉書を毎日のように父宛てに送った。

「おにいちゃん、また遊びに来てね」という子どもたちの見送りを受け、思わず目頭が熱くなった。バイクで国道9号線まで送ってもらい、再び北への旅が始まった。島根・鳥取の県民性からかも知れないが、昨日ほどの苦労をせず車は止まってくれ、鳥取砂丘を散策する余裕も出てきた。私が今でも島根・鳥取が好きで、よく旅行の目的地にするのは、この時の恩があるせいかもしれない。

鳥取砂丘のガソリンスタンドで疲れてへたり込んでいるところをタンクローリーに拾ってもらった。兵庫県に入り、次の車で綾部から若狭路に出て、敦賀で再び涙の落陽を見た。金沢を9時頃過ぎて高岡（富山県）に11時頃着いて、そろそろ今日の宿をということで「福岡駅」の標識を見てトラックを降りた。同じ「福岡」同士のよしみで、駅の待合室を今夜一晩の宿にと頼めば、よもや断りはしないだろう……という甘い期待は見事にはずれた。けんもほろろに規則を盾に追い返されてしまった。

雪の野宿～高岡（富山）

意気消沈して再び国道8号線に戻ったが、気温は零度近く、雪も強くなってきて途方に暮れてしまった。「福岡の高校生路上で凍死……無謀なヒッチハイクの末に」という新聞の見出しが一瞬頭をよぎった。しばらく歩いてバス停の小屋が目に入った。これ以上歩く体力も気力も失せ全身が休息を求めていた。ここを今夜のねぐらと決め、枕元2～3m先は車が走る地べたに寝袋を敷いてカイロを抱いて寝た。容赦なく入ってくる雪まじりの風もトラックの轟音も、粘土のような睡魔の敵ではなかった。

翌朝5時、寒さとタイヤチェーンの風切り音で目が覚めた……生きていた。寝袋の上にさえ雪が積っていたから寒いはずである。わずか5時間の睡眠であるが、若さが

道路左側の自販機がバス停小屋のあった場所と推測される

補ったようだ。

「北へ」という気持ちを込め、走る車に手を挙げた。やっと拾えたトラックのヒーターの暖かさが、冷えきった私の体に生気を蘇らせた。夜が明けて助手席から眺めた日本海の荒海は、私に新鮮なエネルギーを吹き込み、旅を続ける気力を与えてくれた。

無人の飯場～大館（秋田）

新潟では、遠回りして観光案内までしてくれる親切な運転手に巡り会うこともあった。鶴岡（山形県）で雪を冠した鳥海山に迎えられ、秋田市で3日目の日没となった。さすがにここまで来ると「しばれる」という表現がぴったりするほど寒く、外気にさらされる顔が凍りつくようにこわばった。

能代（秋田県）では、運転手から「今夜うちに泊まるかい？」と誘われるのを期待したが、幸運は一度きりだった。大館（秋田県）で降り、11時過ぎて体力も限界で、寝る場所として無人の工事現場の飯場を見つけた。雪と寒さをしのぐには十分そうで、寝るスペースを作るやいなや、ぼろくずのように寝袋にくるまった。

翌朝、小屋の関係者が来ないうちにと早めに起きて雪の国道に出た。まわりは見事な銀世界で、目標の青森まではもうすぐである。

青森駅に着いて、よくここまでたどり着けたものだと4日間の苦難の旅を振り返った。感慨深いものがあったが、ここから先は列車旅となるから安堵の気持ちの方が強かった。

ヒッチハイクでは同情と励ましの意味で食事をおごってもらうことが多く、わずか350円で福岡から青森まで旅したことになる。ちなみに、今回の旅に用意できたお金は5000円で、高校生の身分で工面できる金額としては精一杯であった。

青函連絡船～北海道へ

青森駅に着いて切符を買った。「青森～札幌～東京～博多～鳥飼」という長距離の乗車券で、駅員も驚いていた。冬景色の駅桟橋を北へ帰る人たちといっしょに渡ると「北海道へ」という実感がひしひしと湧いてきた。青函連絡船はドラの音と「蛍の光」に送られて出港し、4時間の船旅で北海道函館に着いた。函館発の夜行に乗って函館本線経由で札幌を目指した。

翌朝、車窓には広大な雪の原野が広がり、吹雪の中の牧場のサイロ群や特徴ある屋根の建物など、絵葉書で見た北海道そのままであった。

札幌ではまず北海道大学を訪ね、膝まで雪に埋もれてポプラ並木に足跡を残し、クラーク博士の銅像の前に立ち札幌まで来たという実感を味わった。北海道大学を受験することを決めたのはこの時だったかも知れない。サッポロラーメンで腹ごしらえをして函館に深夜に戻り、連絡船の中で夜をすごし、青森に6日目の早朝に着いた。

吹雪の平泉〜岩手

青森からは東北本線の列車に乗り込んだ。「次は平泉」という車掌のアナウンスを聞いてふと気が変わった。途中下車して中尊寺と毛越寺を拝観することにし、駅から寺まで吹雪の国道を歩いて行った。寺の参道のお土産屋のおばちゃんから、

「おにいちゃん、ここからは坂がきついから、そのリュック預かるよ。お金は要ら

金色堂への道

ないから」と声をかけられ、帰りには熱いお茶をごちそうになった。福岡から来たと言うと、びっくりして饅頭まで出してくれた。親に無断の旅だと言えば饅頭を引っ込められそうだったので、その言葉は饅頭といっしょに呑み込んだ。

平泉駅から再び列車に乗った。季節はずれの大雪のため列車が不通となり仙台駅で一晩足止めを食らった。多くの乗客が余儀なく駅構内で夜を明かすことになったが、寝袋の中でゆっくり眠れたのは私だけだっただろう。

一人だけの修学旅行～京都

次の日、昼近くになって先に復旧した常磐線で夕方、上野駅に着いた。初めての東京で集団就職の中学生のように緊張した。上野公園で西郷隆盛の銅像を拝んで、東京駅から大垣行きの夜行に乗った。この列車は貧乏学生がよく利用する鈍行列車で、確かに帰省や旅行の大学生で満員だった。

翌朝、大垣に到着し鈍行を乗り継いで京都に入った。京都では心に秘めていた「一人だけの修学旅行」をした。と言うのは、半年前、部活の公式戦と重なったため修学旅行に参加できなかったからである。旅費が乏しいので、拝観料が不要な神社仏閣を歩いて見て廻ることしか出来なかったが、半年前に級友たちが旅した京都の街を歩いているだけで十分満足だった。

京都からは山陰線経由の下関行きの夜行に乗った。発車前に残金150余円をはたいて、安くて腹ごたえのあるパンを買い、リュックに詰めた。福岡に帰り着くのは約22時間後だが、このパンがその間の全食料である。侘しかったかも知れないが、修行の旅を続ける雲水のような心持ちだった。

長い時間、同じ列車に乗っていると、様々な乗客と同席になるが、通学中の高校生を見た時には、まだ三学期が終わっていないことを思い知り心が痛んだ。いずれにせよ、京都から終点の下関まで乗った暇人は私だけだったろう。

最悪の誕生日～帰福

下関に夕方7時頃着き、9時過ぎに博多駅のホームを踏んだ。無事に帰り着いた喜びなどなく、これから始まる旅の後始末のことで頭が一杯で、自分の風貌・身なりに気がついていなかった。その時の私は、9日間も風呂に入っておらず不精ひげで髪はボサボサ。たぶん周囲に悪臭をまき散らかしていたかも知れない。

長い時間、列車に揺られ続けたこと、そして経験したことのない空腹のため足もとの駅ホームが大きく波うっていた。帰り着いた安堵感による脱力感も加わって、立っているのが精一杯という悲惨な状況だった。

当時、母は博多駅地下街のうどん屋でパート勤めをしていて、朦朧とした頭の中で、母のパート先を訪ねることを思いついた。

地下の食堂街は美味しそうな匂いが立ちこめていた。重いリュックを担いで、飢餓地獄の中にいるような精神状態で、通路を歩いた。

母に会った時の最初の言葉も思い浮かばず、ふらつく足取りで母の勤めるうどん屋を探し回った。

やっとの思いで探し当て、運良く出勤していた母を呼び出してもらった。母は私を見るなり店先にもかかわらず私の肩をつかんで泣き崩れんばかりに泣いた。この時初めて、とんでもない親不幸をしたことを思い知らされた。空腹そうな私をみかねて母の同僚がうどんを用意してくれた。母の目の前で鼻水といっしょにすすったうどんの味は生涯忘れることのできないものとなった。

事情を察した店長の配慮でパートを早引きさせてもらい、母に手を取られ引き連れられるようにして家に帰った。わずか9日間留守をしただけで、とてつもなく敷居が高かった。ドアを開けた時から修羅場が始まった。怒る父、間に立って泣く母、母の涙がさらに父の怒りを煽った。覚悟の上、承知の上のことであったし、先ほどの母の泣き崩れた姿で、どんな言い訳も通用しないと痛感していた。私の神妙な態度で、父の怒りの嵐はやがて通り過ぎ、最後に両親に心の底から謝った。

この日、3月15日。奇しくも私の17歳の誕生日だった。最悪だがそれだけに忘れられない誕生日となった。久しぶりの風呂と暖かい布団は、私の体の奥にまでしみこんだ旅の垢と疲れをわずか一晩で取り去った。

旅の後始末～停学処分?

帰り着いた翌日、友人に電話すると、私が停学処分になるという噂があると聞かされた。「停学」という言葉に愕然とし、日曜日でもあったので友人とともにすぐさま担任の自宅を訪ねた。

担任の前で、親の許可がもらえるはずがないから無断で旅に出た事、決して家出ではなかった事を説明し、

「学校を無断で休んだことについては深く反省しています。どんな処罰でも受ける覚悟はできています」

と素直な気持ちで謝った。担任は怒るでもなく、穏やかに私が両親に心配をかけたことだけを責め、噂になっていた停学処分については言及しなかった。

結局、停学にはならなかった。そして私は何事もなかったかのように普通の高校生にもどり、翌月4月に3年生に進級した。

1年後の3月、私は博多から列車を乗り継いで、再び青函連絡船に乗っていた。この1年、憧れ続けた北海道大学を受験するためであった。しかし受験には見事に失敗し、結局地元の大学に進学したが……。

あとがき~懲りない根無し草

あれから50年経ったが、この無謀な旅の思い出は色褪せることはなかった。寒くて、

往路は、日本海沿いに青森までヒッチハイク。青函連絡船に乗って北海道内は列車旅。帰りは鈍行を利用して、東北本線→常磐線→東海道本線→山陰本線→鹿児島本線と乗り継いで福岡に戻った。

きつくて、悲しくて、つらいだけの旅だった。何度も後悔し、何度引き返そうと思ったか知れない。父を怒らせ、母を泣かせ、担任に迷惑をかけただけの旅だった。

とはいえ、家庭での食事や布団の暖かさといったような当然のものとして享受していたものが、いかにありがたいものかということを思い知らされた旅でもあった。

しかしながら、その教訓を活かし切れずに、その後も春3月になると懲りずに放浪の旅を繰り返した私は、正真正銘の救い難い根無し草なのかも知れない。

ホンダNⅢ（エヌスリー）

半世紀くらい前、オイルショックが８か月後に来ることなど予想もしない昭和48年２月、１台の軽自動車が日本一周の旅に出た。

その４年前、16歳の時にヒッチハイクで北海道まで旅をしたが、その旅程を丹念にたどる目的もあった。

車はホンダのNⅢ、ホンダが出した軽自動車N３６０（ちなみにこれはエヌサンと呼ばれた）の改良型で、２気筒空冷３６０ccエンジンで高回転により36馬力をたたき出した画期的なエンジンだった。良く言えば軽量ボディー、早い話がちゃちなボディーで、車重５４０キロのおかげで最高速度１２０キロを記録した。ただし、時速60キロ以上では車内

ホンダNⅢ

での会話は不可能という走るだけの車だった。本田宗一郎の執念がこもった車で、オートバイのエンジンに屋根と4人乗りのシートをつけて、ラジオとヒーターが装備されたものを想像してもらえばよい。

これは5500キロを16日間の日程、5万円の旅費で、厳冬の2月の北海道を稚内まで単独走破したとんでもない旅の記録である。

1日目…旅立ち

2月13日午後10時出発。家族には内緒のため、旅先で人知れず死んだ場合を考え、友人の下宿に寄って旅に出ることを告げた。麻雀の貸し借りは香典で清算することにして後顧の憂いなく出発した。この時、餞別に5000円もらったわけだが、これが後で実に大きな意味を持つ。

この日は北九州道路~関門トンネルから、国道9号線に入り、山口市あたりで道端に車を停めて大学から借りた寝袋にくるまって寝た。ガソリンを補給したが、オイルショック前で、今では信じられない価格であるが、1リットル55円であった。

2日目…京都で車故障

目が覚めたのは午前8時。9号線を京都に向かって車を走らせる。出雲~松江~鳥取と順調に走る。夕方6時過ぎに明智光秀が謀叛を決意した老の坂峠を下って京都市内に入る。しかしここでトラブルが発生する。オルタネーター（発電機）が故障したのである。予定外だが、京都市内の路上で一夜を明かすことになる。

今回の旅では、これでもか、これでもかというほどのトラブルに見舞われ、時には死を覚悟し発狂寸前になるなど、散々な目に遭わされた。早速2日目にトラブルが起こり、旅の前途に大きく暗雲がたちこめる。この日はバレンタインデーとはいえ、旅の心も京の街も底冷えの寒い夜だった。

3日目…京都から直江津へ

朝8時半に起き、通りがかりの人の良さそうな人に頼みこんで車を押してもらってエンジンをかけ、まずは修理工場を探す。修理に1時間以上かかり4000円の出費は計算外。

敦賀市内にある旧国道8号線の交差点。ここから「越」の国へと山越えが始まる。前方左側の山には金ヶ崎城があり、1570年木下藤吉郎が殿（しんがり）を志願した「金ヶ崎の退き口」で有名。

大津から琵琶湖西岸を回り、敦賀～福井を駆け抜け、夕方に金沢に着き、さらに国道8号線を北上。直江津の手前、日本海の荒海の見える所でＮⅢとともに寝る。

4日目…冬の日本海～旧友に再会

目を覚ますと日本海の向こうに佐渡島が見える。すでに北国に入っているのだが雪は見られない。柏崎を抜け、新潟に着いて朝食。

ここから道路は8号線から7号線となる。やがて村上に至ると、まわりは雪景色となる。鶴岡～酒田を過ぎ、午後3時頃秋田県に入る。右手に県境の鳥海山が見えるが、あいにくと山頂は雲の上である。

秋田市に入って、めざすは秋田大学に進学した高校の友人である。大学の寮に住んでいる以外なにも知らなかったが、尋ね尋ねてやっと友達にめぐり会うことができた。久しぶりの温かい布団と高校の思い出話で楽しい一夜となる。

5日目…秋田市内見物

友人と秋田市内を散策。

6日目…青森から青函連絡船に

なごりはつきないが、午後になって友人に見送られて出発。能代から弘前へと4年前にヒッチハイクで通った道を懐かしむようにたどる。青森駅には午後8時に着く。まず乗船手続きをして夕食。長さ3m未満のNⅢの航送料は往復で8200円であった。

午後11時50分発の青函連絡船に乗る。ドラと「蛍の光」に送られると北海道に渡る実感が湧いてくる。今度で3回目の連絡船である。1回目はヒッチハイクの時、2回目は北海道大学受験の時である。北へ向かう無口な人の群れに混じって、6日目の夜を連絡船の中で静かに迎える。海鳴りは聞こえない。（津軽海峡冬景色より一部引用）

7日目…北海道へ

連絡船は午前3時50分に函館に着く。NⅢはついに北海道の土を踏む。睡眠は船の中で充分とれたはずだが、森から長万部への単調な直線道路は眠気を催し、たまらず朝7時半頃に豊浦あたりで仮眠することになる。北国の空はすでに明るい。

ところが2時間の仮眠ののち出発しようとするが、エンジンがかからない。ライトをつけたまま仮眠したのでバッテリーが上がったのである。トラブルは京都で起こして以来で、久しぶりといえば久しぶりである。峠道でさすがに通りがかりの車も人もいないが、軽量ボディーが幸い、下り坂まで車を押して坂の勢いでエンジンをかけて、トラブルを自力で脱出。豊浦の町におりて、ガソリンスタンドで充電する間、駅前の食堂で260円のジンギスカンを注文する。ここ数日の粗食のせいかとても美味しかった。

昼前になってやっと出発。室蘭を抜け、道路は除雪されて快適であるが、帰りはこのあたりで猛吹雪にさらされて死ぬ思いをすることになる。札幌には午後3時過ぎに着く。東海大学に進学した高校のラグビー仲間の下宿を訪ねる。居心地の良さに結局ここに4泊することになる。

8日目～10日目…スキー

この間、友人の下宿仲間と遊び回る。昼は前年にオリンピックが開催された札幌市内の観光、夜は宴会と麻雀大会で、この時初めてのスキーを経験する。その間に車のバッテリーが完全にダメになり、新しいのを買う。5000円は痛い。旅費が急に寂しくなる。

11日目…北の果て稚内へ

友人の反対もあり旅費も乏しいが「北へ」という気持ちは動かし難く、友人達の心配そうな見送りを受け、昼過ぎに札幌を出発。岩見沢～滝川～旭川と快適な圧雪路である。スノータイヤのノーチェーンで充分走れ、雪道にも慣れたようである。

しかしこの慣れが帰路の滝川でとんでもない出来事を引き起こすことになるのだが……。さらに北上し、陽がとっぷりと暮れ、名寄から音威子府を走り抜け、NⅢのスノータイヤは雪深い国道40号線を踏みしめていく。ラジオでは猛寒波の襲来を告げている。

国道とは言え、地元の車さえ通らない深夜の雪道を福岡ナンバーの軽自動車が走っているのは、異様さを通り越して不気味でさえある。空冷エンジンのためヒーターは全く効かず、車内は冷蔵庫と同じ（車外はマイナス20度の冷凍庫）。セーターを重ね着してコートをはおり、毛布を頭からかぶって運転している姿は、不気味さに輪をかける。

午後10時過ぎに豊富を過ぎ、ついに北の果て、稚内に11時45分に到着である。無理やりとはいえＮⅢは無鉄砲な相棒によくつきあってくれた。稚内の駅は駅員と客待ちのタクシー以外人影もなく、さい果ての町の感慨にひたりつつも針路を反転、今来た道を戻る。

旅の走り書きのメモでは稚内を出発して約5時間後の午前5時頃、稚内から１３２キロの位置まで走ったことになっているが、この間の記憶が全くないのである。少し走っては仮眠、意識朦朧の状態で走っては仮眠、この繰り返しの末、寝てしまったようである。

旅から帰ってからのことであるが、大雪の日、エンジンをかけたまま車内で仮眠して排ガス中毒死というニュースを見て、愕然としたことがあった。札幌でバッテリーを交換していなければ、再始動でエンジンがかからないことを怖れ、エンジンかけたまま仮眠という愚かなことをしていただろう。つまりは新品のバッテリーが命を救ってくれたようなもので、旅立つ前にそのバッテリー代となる５０００円の餞別をくれた友人に感謝しなくてはいけない。

12日目…事故と地吹雪

午前7時、寒さと除雪作業の音で目が覚める。スリーシーズン用の薄い寝袋はここでは役に立たない。除雪作業員のけげんな視線から逃げるように出発。車全体が凍っている。

空冷のエンジンは冷却水凍結のトラブルがないかわりに、エンジンはオーバークールをおこしエンストするので、チョークをひきながら走らざるを得ない。北海道内陸部の日本最寒の地を空冷エンジンで走っていることを今さらながら再確認。

名寄から旭川へと昨日の道を戻る。ここで、今回の旅の最大級とも言えるトラブルに遭遇することになる。滝川市内に昼12時頃入り、交差点でスリップによる追突事故を起こす。数えれば3回目のトラブルである。愛車NⅢは右のライトが潰れ、実に悲惨な状態。しかも修理代1万円を請求されるが、今の手持ちは1万２０００円しかないことを話して後日郵送で許してもらった。暗澹たる気持ちでチェーンを着けて滝川の町を逃げるように離れた。

再び午後4時過ぎに札幌に戻り、千歳あたりで日が暮れ、ライトは片目で運転しづらい。さらに陽が暮れた夕方7時過ぎ、室蘭あたりから信じられないような地吹雪に遭ってしまった。

すさまじい強風は道路上の雪をすべて舞い上がらせ、視界は1～2m、おまけに右のライトが潰れているからセンターラインは見えず、左のライトでかろうじて路肩らしきものが確認できる程度である。車を左に寄せようにも積み上げられた雪でそれすらできず、時速は10キロ以下、さらに走り慣れた長距離トラックにあおられて追い越される。運転席のすぐ右横を大型トラックが轟音とともに走り抜けていく。その度に、死を覚悟し、発狂せんばかりに絶叫するということの繰り返しだった。地獄のような3～4時間は事故の後遺症の相乗効果もあって私を完全に雪恐怖症にしてしまった。

長万部に着いた午前1時頃には吹雪も収まりなんとか函館に午前4時頃たどり着く。しかし一昨日来の猛寒波で連絡船は欠航。港の駐車場で、船が出るのを寝ながら待つことにする。

13日目…大時化《しけ》の津軽海峡

昨夜の疲れによる睡眠をトラックの排気音で何度か中断され、昼過ぎには落ちつかずに完全に目を覚ます。駐車場は乗船待ちのトラックがひしめいている。

午後3時を過ぎて運よく大型トラックの間に軽1台分のスペースができて、思いがけず早い乗船となる。だが海は時化で船は大揺れ。船酔いのうえに事故・吹雪の後遺症で心も体も、ついでに車もボロボロである。

旅費は残すところ1万円ちょっと。しかも3月1日からバイトがあるため今日を除けばあと3日で帰らなければならない。旅の行く末の不安に満ちた船旅は、船室とトイレの往復の苦行もあって地獄のような5時間だった。

青森港着は午後8時。NⅢは再び本土の土を踏む。体調を整える余裕もなく、フラフラする体にムチ打って気の遠くなるような残り1900キロに挑む。国道4号線はいまだ積雪があり、1キロでも福岡の方向へ、少しでも雪のない南へ、悲壮な気持ちで凍てついて白く不気味に光る路面を走らせる。

「寒い。お腹もすいた。風呂に入ってさっぱりしたところで、ご飯と味噌汁。そして暖かい布団で四肢を伸ばして眠りたい」

そのような思いが疲れきった私の脳みその中をかけめぐった。普段の生活では、風呂に入りご飯を食べて寝るという何でもないことが、実はとてもありがたいことであることを思い知らされた。

やがて十和田を過ぎ三戸から岩手県に入り、盛岡を過ぎたところで疲労困憊の末、寝袋に吸い込まれるように入る。

14日目…岩手から静岡まで

午前9時起床。十分とは言えない睡眠だが、寝る間を惜しむかのようにＮⅢを走らせる。11時に車は岩手県から宮城県に入り、まばらだった道路の雪はここまでくると消えたようだ。仙台から白石と走り抜け、宮城蔵王の秀麗な姿に励まされたのか、雪が消えたからか、私は少し元気が出てきた。

午後4時、白河を抜け陸奥の国を出て、夕方5時に栃木県に入り小山から春日部とやや渋滞。夜9時半に首都高速で東京を抜け、神奈川県に入る。

日付が替わる頃、天下の嶮、箱根峠を攻め登る。本田宗一郎の技術者魂を発揮した３６０ccの高回転のエンジン音が箱根の静かな温泉街に響き渡る。峠を越し、静岡県に下りていく。金谷バイパスで今日のノルマを果たした満足感と７００キロ走った疲れでシートに倒れ込む。

15日目…警察の不審尋問

朝になって、窓を激しくたたく音に起こされる。寝袋のチャックを開けると、朝の眩しい光となにやら制服姿の二人組。なんらやましいところはないが、警察の不審尋問を受けることとなる。

ボロボロの福岡ナンバーの軽自動車。右のライトは潰れ、車内には一見労務者風のおそらく何日も風呂に入っていないような（そういえば4日入っていない）不精髭の男。その時は私のどこが怪しいのか疑問に思ったが、今考えると相当に胡散臭く、当然の尋問であった。

私を過激派か窃盗犯と疑っている警察に30分の時間をかけて事情を説明した。学生証をみせて大学生であること、学期末試験がボイコットのため中止になり大学が休みになったこと、試験にあわせてバイトも休暇をとっていたため結局2週間の休みとなり旅に出たこと等々。

県警本部への照会の結果、前科前歴がなく、また旅の記録である走り書きのメモが決め手となり無事無罪放免となる。

気を取り直して袋井駅近くの店で朝飯にする。旅に出て以来、ぶどうパンと牛乳が朝のメニューで、パンを頬ばりながら車の点検をするのが毎朝の日課である。

しかしここでまたしてもトラブル発生。さきほどの警察の尋問に対して「全く静岡県警は何を考えているのだ。オレのような善良そうな学生を……」とブツブツ言いながらオイルの補充をしていたためオイルキャップを閉め忘れたのである。気がついたのは車を発進させて5分後ぐらいであろうか。こげたオイルの臭いとボンネットからの煙で、はたと気がついたわけで、その時はすでに3キロは走っていた。

ボンネットを開けた時の内部の状況は悲惨の一語に尽き、何よりもオイルキャップがないのが困ったことであった。さてオイルキャップはどこにあるのか。出発時に落としたか走る途中で落としたか、いずれかで、方法はひとつ。ここから歩いて道路を探しながら戻るしかないのである。

出発地点にあることを祈りながら国道1号線の路肩と側溝を犬のように嗅ぎ回りながら戻っていった。地獄のように長い3キロの道のりであった。さきほどの警察官に続いて、1日に2回も不審そうな視線をドライバーや通行人から浴びた。

そしてついにめざす店がみえるや、車を停めた場所にかけより、そして「あったぁ！」。今まで探し物をして見つかった時の感動は何回かあったが、この時以上の感動はなかったし、これからもないだろう。私は宝物を慈しむように無傷で残っていたオイルキャップを抱きしめた。

戻り道は嬉しさのあまりスキップしながらで速かった。運よく近くにあったバイク屋でオイルを買って飛散した分を補充して、汚れたエンジン回りを清掃して午後12時40分に再出発。ロスタイム2時間半。

ここ3～4日、悲惨な出来事の連続であったが、オイルキャップが無傷で見つかったことで私は気を取り直して残り約900キロの苦難の旅に立ち向かった。「もうトラブルに遭いませんように」と祈りつつも、「来るなら来てみろ」と半ば居直るという複雑な心持ちであった。

車は国道1号線を順調に西走し、浜松から四日市と通り、鈴鹿峠を越して滋賀県に入り、夕方7時半に京都に着く。往路には留守だった高校の友人を訪ねて夕食をたかり、栄養補給。

大阪を午後10時に通り抜け、ここで国道は2号線に変わり、残りは650キロ。今日のノルマは広島までと頑張るが、尾道あたりで力つき、長かった旅の最後の夜を迎える。

16日目…福岡帰着

午前7時前に起床。広島〜小郡と2号線をひた走る。体が食事を求めているが、ＮⅢの胃袋が優先のため我慢。午後2時を過ぎて待望の九州入り。車での長い旅に出るといつも思うことであるが、帰って着たと実感するのは関門トンネルを出て、西鉄バスのなつかしい車体の塗装をみた時で、この時もそうであった。涙がでるほど嬉しかった。

５５００キロの長旅もあとわずか。ウイニングランのように小倉の街を走り抜け、午後4時半に福岡に帰りついた。

残金はほとんどなかった。とはいえ、とりあえず借金をして北海道に車の修理代を送金した。明日からの生活費もない。ないが不安もない。なんとかなるのが当時の学生生活であった。その後の借金地獄から抜け出て、ＮⅢの修理ができるようになるのは、６か月後のことであった。

ヒッチハイクの旅も同様であるが、40年以上経った今でも、数々のトラブルと地獄を経験したこの旅の思い出は、色褪せることはない。むしろ程よく熟成されて芳醇な香りを放ち続け、そして宝物として、いつまでも私の心の中に残っている。相棒のＮⅢの思い出とともに……。

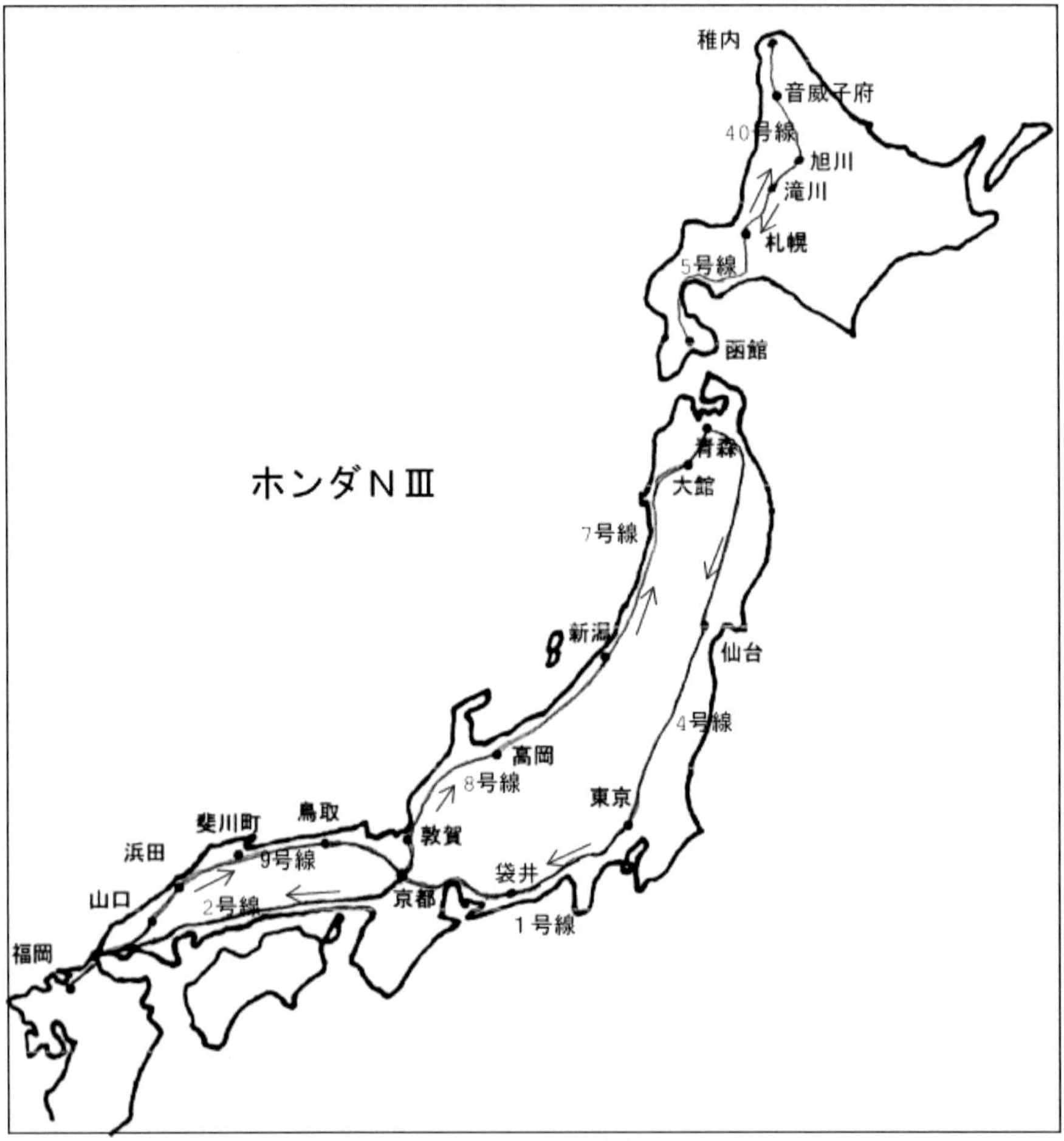

走破した国道は、国道3号線→9号線（下関～京都）→8号線（京都～新潟）→7号線（新潟～青森）→5号線（函館～札幌）→40号線（札幌～稚内）→4号線（青森～東京）→1号線（東京～大阪）→2号線（大阪～下関）

特急「白鳥《はくちょう》」

昭和43年10月に大規模なダイヤ改正が実施された。この改正は、改正年月日から、鉄道関係者や鉄道ファンの間では「よんさんとう」と呼ばれている。1年半後に開幕する大阪万博を見据えた大幅な改正だった。万博の来場者を円滑に輸送するため、日本全国に特急や急行網がはりめぐらされた。

時は、高度成長期の真っ只中にあり、生活に余裕ができ、「DISCOVER JAPAN」のポスターに煽られ、列車に乗って、日本中の名所旧跡や温泉を旅するのがブームになっていた。

5年後にはオイルショックの嵐が来ることなど予想もできず、マイカー時代が始まりかけていた。日本中が「一億総白痴」「一億総中流」と浮かれているような時期で、国鉄全盛の時代でもあった。

万博開幕の昭和45年3月、私は北海道大学を受験した。1年前、ヒッチハイクで北海道大学を訪れ、強い憧れを抱いたからだ。

私は博多から札幌まで列車で行くことにした。迷わず、日本海沿いに走る特急「白鳥」に乗るコースに決めた。「白鳥」が大阪を出発するのは朝の8：40。これに間に

急行「西海1号」

博多	20:18	山陽本線
大阪	7:19	

特急「白鳥」

大阪	8:40	東海道本線
京都	9:14	
米原	10:03	
敦賀	10:39	北陸本線
福井	11:23	
加賀温泉	11:51	
金沢	12:20	
高岡	12:55	
富山	13:11	
直江津	14:43	信越本線
長岡	15:48	
東三条	16:07	
新潟	16:43	
鶴岡	18:53	白新線 羽越本線
酒田	19:17	
羽後本荘	20:14	
秋田	20:51	
東能代	21:42	奥羽本線
大館	22:25	
弘前	23:06	
青森	23:40	

青森	0:05	青函連絡船
函館	3:55	

ニセコ1号		
函館	5:05	函館本線
長万部	6:46	
倶知安	8:21	
札幌	10:05	

合うには、博多発の夜行に乗る必要があった。この夜行は佐世保発の急行「西海1号」である。博多発20：18、大阪着7：19。

　2月27日（金）、受験用ノートを詰め込んだ重たいバッグを肩に、夜行に乗る。以後この列車は関西を旅する際の専用列車になる。「西海1号」を終着大阪で降りて、痛い腰と眠たい目をこすりながら、「白鳥」に乗り込む。昼行特急としては日本一の長さ（1053キロ）を誇る憧れの特急列車である。

　同じ大阪〜青森間を寝台特急「日本海」と夜行急行「きたぐに」が走っている。青函トンネルが開通すると、大阪から札幌まで走る寝台特急「トワイライトエクスプレス」が誕生するが、それは17年後のことである。

「白鳥」はキハ82系というディーゼル気動車である。全国の非電化区間に特急列車

特急「白鳥」

電車特急485系

ディーゼル特急キハ82系

を走らせるために、国鉄が投入したエース級の気動車である。しかし、2年後には羽越本線と白新線の電化工事が完了し、エース級電車特急４８５系が投入された。

「乗り鉄」にとって、窓越しにホームの通勤客を眺めて、「浮き世のバカが起きて働く」とねじれた優越感に浸ることができるのは秘かな楽しみである。

東海道本線を米原まで走り、ここからは北陸本線を走る。ちなみに、4年後の昭和49年に琵琶湖西側に湖西線が開通し、翌50年に「白鳥」は湖西線経由となる。

敦賀駅を過ぎると長いトンネルに入る。北陸トンネルである。全長13・9キロは、在来線トンネルでは現在でも日本一である。このトンネルが突き抜ける嶺々は、嶺北（越前）・嶺南（若狭）と福井県を二つに分けている。この嶺々を眼前にすれば、これより先を「越」の国としたのも頷ける。

この時は、「越の国に入る」という風流な思いなどあるはずもなく、ただ「小学生の時に北陸トンネル開通の記念切手を買ったなぁ」と、いうレベルだった。

金沢を過ぎた頃、空腹を覚えるが、お昼は富山駅の駅弁、鱒《ます》寿司に決めている。富山駅でホームに降りて手に入れる。

富山で右の車窓に白山と立山が、早春の雪を冠して白く輝いている。鱒寿司を手にこれらの絶景を眺めていると、「白鳥を選んで良かった」という感動が、ひしひしとわき上がる。列車の走行音、そして駅弁と絶景……。乗り鉄の至福の時である。だが、受験生という現実に引き戻されて、ノート類を取り出すが、集中はできない。

北陸本線は海の眺めが良さそうに思われるが意外と海沿いに走っていない。立山山脈（北アルプス）が海まで迫ってくると線路は海側へ押しやられ、このあたりから、日本海の眺めが良くなる。

立山山脈が海に落ちるところが「奥の細道」で有名な「親不知《おやしらず》、子不知《こしらず》」の難所である。芭蕉の時代から難所であったが、今は鉄道で一気に走り抜ける。トンネルを抜ける合間に見える日本海の荒海が勇ましい。

糸魚川から直江津までは右手は山が迫り、日本海の眺望は最高潮に達する。

直江津駅に着く。ここには上杉謙信の本拠地である春日山城があった。駅の南西に広がる山に春日山城がある。直江津から信越本線を上って行けば、やがて長野善光寺平、つまり川中島である。この時は前の年に放送された大河ドラマ「天と地と」の影響を受けて、正義の上杉謙信が強欲な武田信玄を懲らしめた戦いと信じていた。しかし今では、理想主義に走って現実から逃げた上杉謙信、現実主義で理想を失った武田信玄、両雄の戦いであったと認識している。

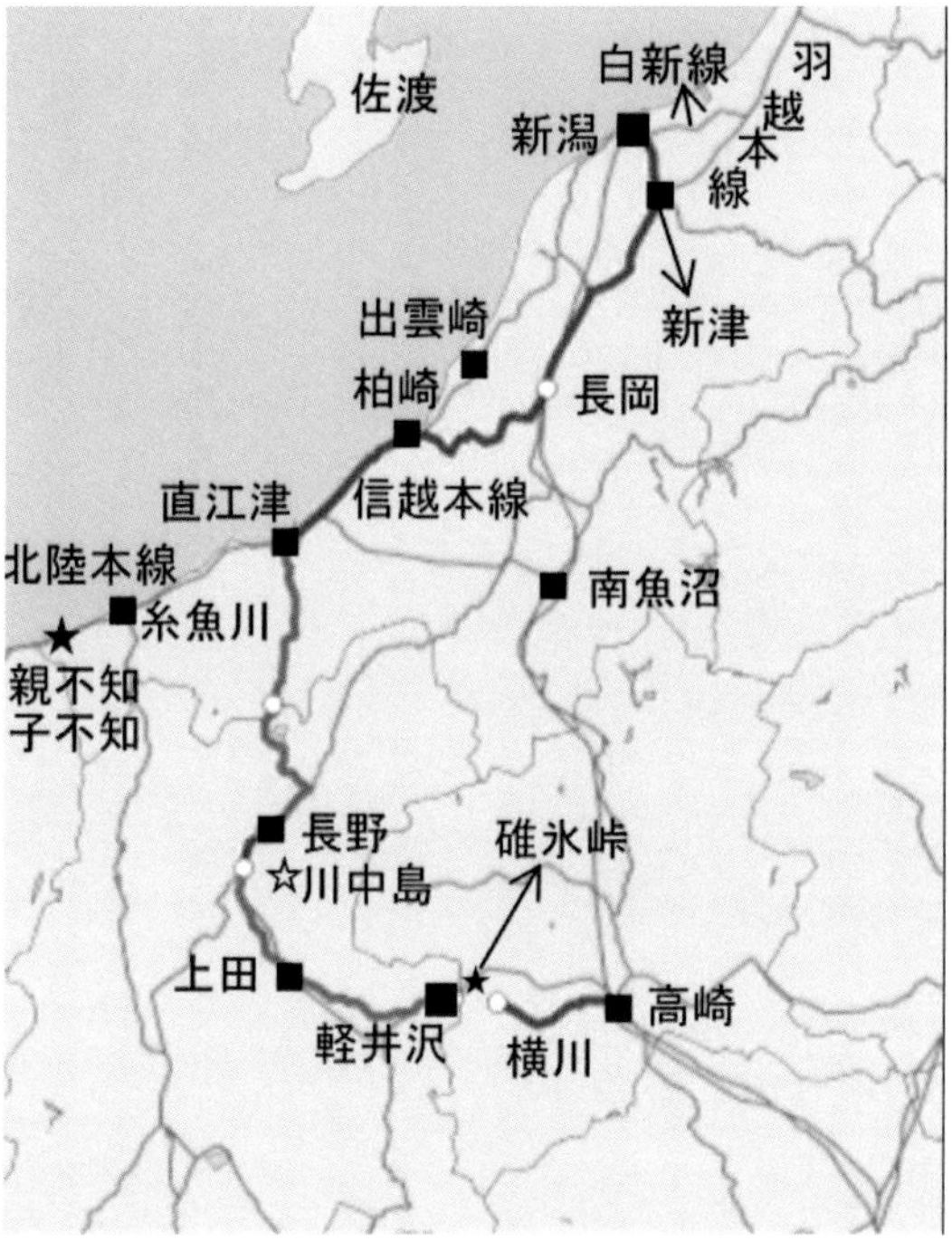

線路は直江津で信越本線に変わる。この信越本線は実に不思議な経路の路線である。その名の通り信州と越後を結ぶ線路で、当初、新潟に集まる日本海沿岸の物資を東京に運ぶために敷設された路線である。

高崎を起点とし碓氷峠を越え、軽井沢〜上田〜長野〜直江津〜新潟と大きく遠回りして新潟と結んでいる。しかし、同じく東京と新潟を直接結ぶ上越線が開通すると、遠回りな上、碓氷峠越えもあり貨物輸送には不便な路線になった。
とはいえ、信越本線は、軽井沢を筆頭に信州と東京を結ぶ観光路線として脚光を浴びた。だが、長野冬季オリンピックを控え長野新幹線が平成9年10月に開通すると、横川~軽井沢間が廃線となり、軽井沢より西は「しなの鉄道」という第三セクターの路線となった。

現在の信越本線は見る影もないほど、ズタズタに分断された。碓氷越えの路線を廃止としたのは実に悔やまれる。世界遺産レベルの路線だった。横川駅で「峠の釜めし」を買って、碓氷越えを楽しむという旅の風情を失った。

また、JR東日本の豪華クルーズトレイン「四季島《しきしま》」を走らせることもできなくなった。おそらく、JR東日本の幹部は廃線にしたことを悔やんでいるだろう。

さらに、長野新幹線が金沢まで延伸されて、北陸新幹線になると、在来線区間がすべて、第三セクターの路線に変わってしまった。いずれ北陸本線は米原~敦賀間を残して消滅するだろう。新幹線が通るのは嬉しいが、慣れ親しんだ在来線が不便になるのは耐え難い。

佐賀県民が長崎新幹線フル規格化に反対する気持ちは大いに理解できる。新幹線がフル規格になっても、佐賀には何のメリットもない。負担金が増え、在来線が第三セクターとなり、たいした時間短縮にならず、その効果も疑わしい。もともと、佐賀県と長崎県は諫早湾の潮受け堤防の開門をめぐって揉めている。

話を「白鳥」に戻す。「白鳥」が柏崎近くに来ると、佐渡島が見えないかと身を乗り出すが、あいにくと見えない。柏崎の先の出雲崎なら、芭蕉が句で詠んだように、佐渡島を見ることができるかもしれない。


「荒海や　佐渡によこたふ　天の河」　出雲崎

列車は柏崎から内陸に入り、信濃川の鉄橋を渡って、長岡駅に至る。

長岡は長岡藩の城下町であるが、長岡藩については何も知らなかった。その後の書物などで得た知識としては、

——長岡藩は、幕末の河井継之助や「米百俵物語」など気骨あふれる気風に溢れていて、山本五十六の出身地であるのも頷ける。さらに、出身は少し離れた西山町（現在は柏崎市）であるが、長岡を地盤とする田中角栄という、コンピューター付きブルドーザーと呼ばれた政治家も生んだ。（田中角栄はこの時、自民党幹事長で、2年後に総理大臣となる）——

長岡から信濃川と付かず離れず走って、新潟駅に着く。ここで列車の進行方向が変

わる。旅慣れた乗客がさっさとシートの向きを変えている。

新潟からは白新線を経由して、羽越本線へと進む。「白鳥」運行当初は新潟駅を経由しなかった。しかし、新潟市から「白鳥」停車の強い要望が出て、新潟駅に停車するようになった。そのため、新潟駅で進行方向が変わり、白新線を通って羽越本線に合流するようになった。

新潟県北部の村上駅をすぎると、ここから線路は海沿いを走る。しかも日没の時間になるから、ここが最高の落日の鑑賞ポイントである。17年後、この区間を走る「トワイライトエクスプレス」でも、この村上～秋田間がサンセットビューポイントとなる。

鶴岡に入り、最上川を渡って酒田を過ぎると、右手に鳥海山が見えるはずだが、すでに日はとっぷりと暮れ、山は拝めない。この秀麗な山は秋田・山形の県境となっている。

海沿いを走って秋田に入る。列車は秋田駅から奥羽本線を走る。

奥羽本線は、能代から内陸部に入るが、能代から海沿いに五所川原を経由して弘前まで走る路線がある。これが、日本最後の秘境路線と呼ばれている五能線である。私が五能線に乗る機会を得るのは30年後である。

余談だが、吉永小百合がインタビューで、

「小百合さんは鉄道ファンだそうですが、どこの路線が好きですか?」と訊かれていた。

なんと回答は、

「一番好きなのは五能線でしょうか」

と、驚きの内容だった。好みが一致して、乗り鉄として同好の士を得た感激の瞬間だった。

——いつの日か、五能線で品の良い和服の老婦人と遭遇したい。そんな夢をもって……「いつでも夢を」 by サユリスト——以上、余談。

内陸に入った「白鳥」は大館から弘前を経由して終着、青森駅23:40に到着する。車掌が乗船名簿を配って回る。

乗客のほとんどは、ここで0:05発の青函連絡船に乗り換える。早春であるが、「津軽海峡・冬景色」の歌そのままの世界が広がる。

♪北へ帰る人の群れは　誰も無口で、
　海鳴りだけをきいている♪

ただし、この歌が出たのは7年後の昭和52年である。初めてこの歌を聴いた時、まざまざとこの時の情景が目に浮かんだのは、はっきりと覚えている。

連絡船への跨線橋を渡り、乗船する。出航時の「蛍の光」と「ドラ」の音は、旅情が最高潮になる瞬間である。函館着が3：55だから、約4時間、二等船室の広間で仮眠を取る。津軽海峡が荒れていなかったのは、受験を控えていただけに幸いだった。

函館駅では特急「おおぞら1号」(千歳線経由)と特急「北海」(函館本線経由)と急行ニセコ1号」が暖気運転をしながら待機している。3列車一斉のディーゼルの排ガスがホームにたちこめ、息苦しいほど臭い。私が乗車したのは「ニセコ1号」である。急行は、5：05に出発して、夜明け前の雪原の中、雪煙を上げて疾走する。右手に雪を冠した駒ヶ岳(渡島富士)が朝ぼらけの中に映える。長万部駅の名物駅弁、カニ寿司で朝飯にする。

列車は長万部からニセコ側の函館本線を通る。列車が少しずつ高度を上げているのが分かる。ニセコ駅に着く頃、右手に富士山そっくりの山が見える、蝦夷富士と呼ばれる羊蹄山である。

左手には真っ白なニセコアンヌプリの山々。この絶景を眺めながらカニ寿司を食べるべきだったと後悔する。

倶知安《くっちゃん》……啄木の短歌に出てきたなぁ

余市……ニッカウヰスキーの本拠地だぁ
塩谷……朝の連ドラ、「旅路」の舞台駅だぁ
小樽……♪小樽の女よ♪って歌があったなぁ
銭函《ぜにばこ》……ニシン漁で相当儲かったんやなぁ

と、様々な思いにふけっているうちに、札幌には、3月1日10：05に到着。

到着前の10時に、「今日は卒業式。ちょうど開式になった時間だ」と、卒業式の様子を想像し同級生の顔が浮かぶ。

ホームに降りると、体が揺れまくっている。函館から5時間連続、博多からだと37時間半、ゆられにゆられてきたわけだから真っ直ぐ歩くことさえできない。（ちなみに現在は新幹線で博多から札幌まで13時間半。いずれ10時間以内も夢ではない）

しかも駅を出ると小雪混じりの吹雪模様でしばれるという言葉がぴったりするほど寒い。

「熱い風呂に入って、四肢を存分に伸ばして眠りたい」

と、それを楽しみに雪道を旅館まで急ぐ。受験生なので、滑らないよう気をつけて歩く。

入学試験は3日と4日なので、1日余裕がある。前日は試験会場を下見したり、受験に備えて最終チェックをする。体調を壊すことなく、無事試験を終える。

キロ数	駅名		9219D	721	2721D	2622D	2723D	2624D	723	1735D	207
0.0	囲若松	発	◆急	…	…	…	549	…	617	…	急
2.9	藤ノ木	〃	急	…	…	…	553	…	622	…	⊗
4.6	奥洞海	〃	〔佐賀〕	…	…	…	557	…	レ	…	〔天草〕
6.3	二島	〃		…	…	…	600	…	627	小倉発	
10.8	囲折尾	着		…	…	…	606	…	634	639	
		発	大阪発 1707	…	…	…	611	…	646		
14.9	中間	〃		…	…	…	617	…	653	714	京都発 2009
16.4	筑前垣生	〃		…	…	…	620	…	656	718	
21.2	筑前植木	〃	レ	…	…	…	626	…	703	725	
24.8	囲直方	着	507	…	…	…	631	…	708	731	754
		発	518	544	…	後藤寺発 605	637	後藤寺発 701	710	738	755
27.5	勝野	〃	レ	548	…		641		714	743	レ
31.3	小竹	〃	全	554	…		647		720	750	レ
34.7	鯰田	〃		600	…		652		726	756	レ
37.6	新飯塚	〃	533	605	615	635	657	733	739	805	809
39.4	飯塚	着	537	609	618	638	700	736	742	809	813
		発	538	609	619	639	701	737	746	810	817
42.3	天道	〃	★	614	624	644	706	741	752	815	レ
45.3	桂川	〃	548	620	630	649	712	748	757	820	（熊本着 1034）
48.1	上穂波	〃	佐賀着 657	625	吉塚着 708	吉塚着 728	吉塚着 750	博多着 825	802	吉塚着 904	
51.2	筑前内野	〃		630					808		
61.4	筑前山家	〃		645					823		
66.1	原田	着	616	652	…	…	…	…	829	…	レ

帰路も鉄道で、東海道新幹線を利用して帰ることにしていた。同宿だった東京からの受験生三人組と仲良くなり、東京まで一緒に帰ることにする。

試験が終わった日にすぐに宿を出て、函館行きの急行で函館に深夜に到着し、青函連絡船の中で仮眠を取り、翌朝、東北本線経由の急行「十和田1号」で戻る。

上野駅で、

「じゃ、4月に入学式で再会できたらいいね」と別れる。

初めての東海道新幹線に興奮しながら、京都まで行き、ここで神社仏閣を散策して時間調整をして京都発20：09の夜行急行「天草」で福岡に帰る。この「天草」は熊本行きであるが、筑豊本線経由という珍しい列車である。原田駅には停車しないので、新飯塚駅で降りて篠栗線で博多駅へと戻る。

現在の原田〜桂川間は篠栗線の開通以来ひなびた状況に陥ってしまったが、昔、急行列車が走行していたというのは、驚きだろう。

筑豊本線にかぎらず、当時、福岡県では筑肥線・日田彦山線でも急行列車が走っていた。これで、「よんさんとう」のダイヤ改正で、特急急行網が全国津々浦々に及んでいたことがお分かりいただけると思う。

結局、受験には失敗した。趣味を兼ねたような半分遊びのような受験姿勢では合格するはずがない。今考えたら、完全アウェーで試合をしたようなものだ。もちろん、同宿だった彼らと再会することはなかった。

「白鳥」運行当初は15時間45分かかっていたが、北陸トンネル開通、湖西線開通、電車化により3時間近く時間短縮となった。

「白鳥」は、「雨ニモマケズ、風ニモマケズ、雪ニモ夏ノ暑サニモマケヌ……」と日本海沿いに北に南と走り抜けた。冬の豪雪には立往生して「瀕死の白鳥」と揶揄されたこともあったが、ひたすらに40年間、走り続けた。

多くの鉄道ファンに惜しまれながら、２００１年のダイヤ改正で廃止となった。

付録・碓氷越えの歴史

碓氷峠は標高960mで、群馬・長野両県の県境をなし、分水界でもある。古代から難所で有名だった。

日本海側と東京を結ぶ物資輸送のために、碓氷峠を通って、信越本線が敷設されることが計画された。この峠に鉄道を通すには、66‰（パーミル＝1000m進んで上る高さ。鉄道での勾配の限界は40‰）の急勾配を克服する必要があった。

とはいえ、南下策を取るロシアに対抗するため、また、大陸進出のためにも東京と新潟とを結ぶ物資輸送路の確保は急務であった。信越本線は、順調に工事が進み、残された横川～軽井沢間の工事を残すのみとなった。工事は1891年に始まった。

この峠の急勾配を克服するため、ドイツのアプト式が採用された。アプト式とは、レールの間にラックレールを敷設し、機関車についた歯車とを噛み合わせて急勾配を上る方式である。だがアプト式では、歯車をきちんと噛み合わせる必要があり、貨物積載量や連結車両数に制限があった。そのため、貨物が滞留し、この区間はボトルネックとなった。

戦後になって新線への付替工事が検討され、1963年、難工事のすえ、新線が完

特急「あさま」の後尾に連結されたEF63。（写真左、愛称ろくさん）「峠のシェルパ」と呼ばれた。シェルパとは、ヒマラヤ登山者を荷物運びとガイドでサポートしたネパールの少数民族の名前である。日本ではシェルパ＝ガイド＆荷物運びという意味で使用される

成した。急勾配対策として、ＥＦ63という強力な電気機関車を配備した。この機関車を最後尾に連結し、重連運転で峠を克服した。

横川駅では連結作業に15分程度を要したので、その間、峠の釜飯が飛ぶように売れた。

だがせっかく敷設した新線も長野新幹線の登場で、廃線となった。今は、新幹線がそのスピードにものを言わせて碓氷峠を大回りして難なく走り抜けている。

東京〜軽井沢間は、特急「あさま」では2時間かかっていたが、今や、新幹線では半分の1時間ちょっとである。

速くて便利なものが、時代遅れのものを駆逐することが正しいかどうか……。

付録・五能線の旅

「特急白鳥」に乗って30年後、私はついに五能線に乗る機会を得た。時は、21世紀になろうとする2000年の年末。娘が4歳の時だった。年末に博多発の東日本フェリーに乗って、直江津まで行き、そこから車で青森を目指した。

途中、秋田で車中泊をして能代に朝方到着。ここで、私と娘は五能線に乗り、妻は車を運転し、深浦の駅で合流した。

そこから艫作《へなし》の駅を経由して不老不死温泉に宿泊した。ここでは、旅行雑誌にも掲載されていた露天風呂に入った。雪混じりの季節風でとても寒かった。

不老不死温泉

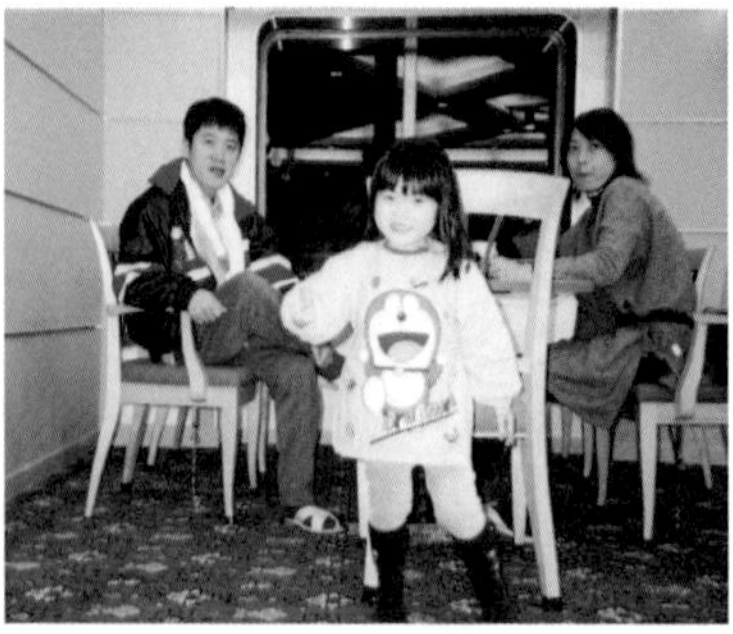

フェリー内で

特急「白鳥」

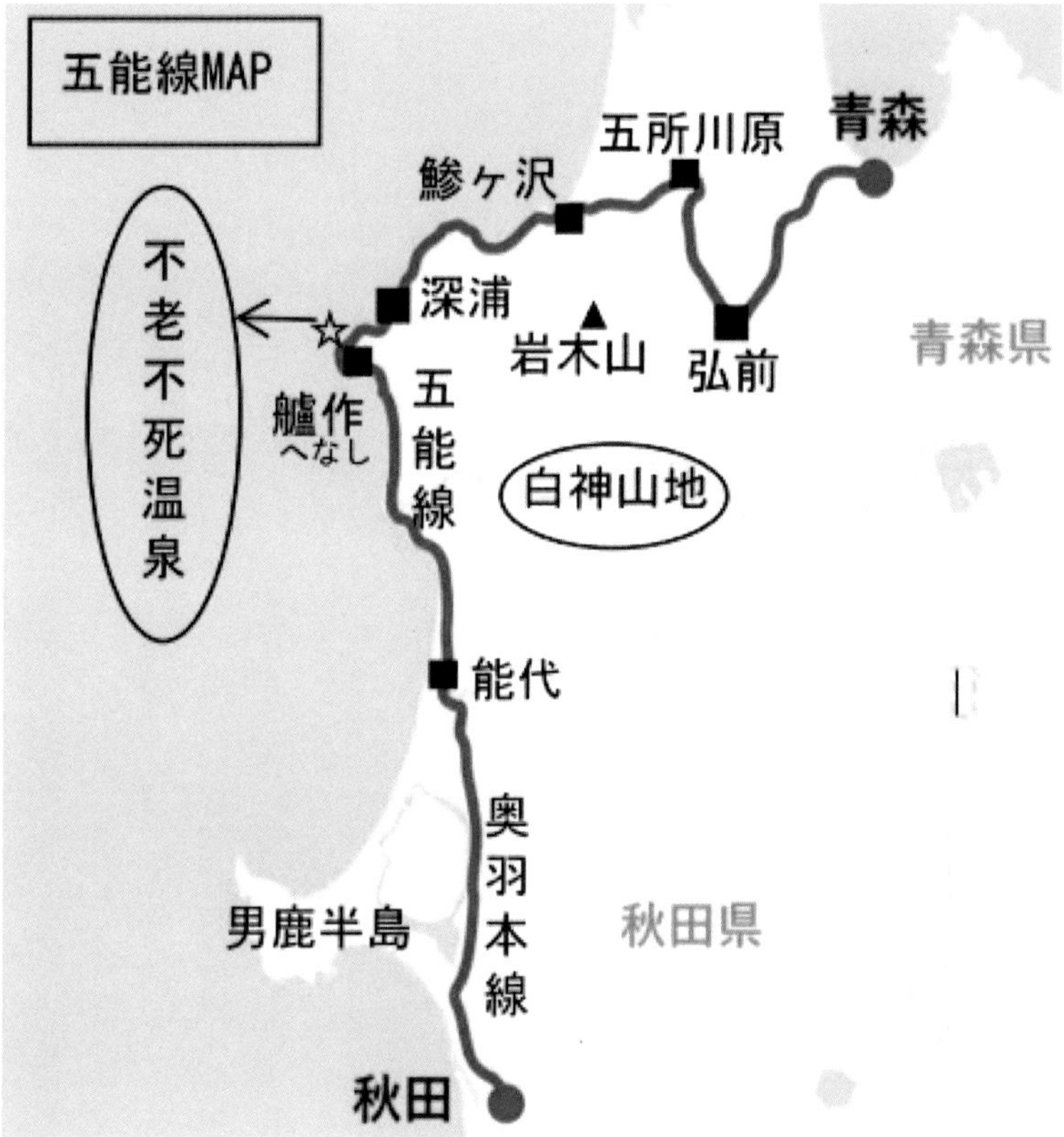

五能線MAP
青森
五所川原
鯵ヶ沢
深浦
岩木山
弘前
青森県
不老不死温泉
艫作《へなし》
五能線
白神山地
能代
奥羽本線
男鹿半島
秋田県
秋田

三江線《さんこう》

中国地方の覇者、毛利元就に可愛《えの》という名の娘がいる。可愛は敵対していた近隣の宍戸《しし ど》家に嫁いだ。婚姻以降、宍戸家はお身内衆として毛利家を支えた。１９９７年の大河ドラマ「毛利元就」では高橋由美子が演じた。

娘の名前は、元就の本拠の吉田郡山城近くを流れる可愛《えの》川から命名したものと想像される。可愛川は江《ごう》の川《かわ》本流であるが、広島県内では三次盆地までは可愛川という名で吉田付近から三次へ北流する。三次盆地で北からの馬洗《ばせん》川や東からの西城川等の支流と合流し、江の川として北部中国山地を「へ」の字を描くように大回りして日本海に注いでいる。全長は１９４キロ《メートル》、中国地方最長の河川である。

河口に開けた町は島根県江津《ごうつ》市で、ここから広島県三次《みよし》まで、江の川に寄り添って走っているローカル線がある……いや、あった。これが、ＪＲの旧三江線で、三次と江津間、１０８・１キロを3時間16分もかけて、のんびり走る路線であった。

この三江線が今年（平成30年）3月31日に廃線となったことは、ニュースで大きく取り上げられた。年間３００人程度の乗客しかいない路線に、廃止となると、大勢の乗客が押し寄せた。通常は１両編成で、乗客は１人か２人という超閑散路線だったの

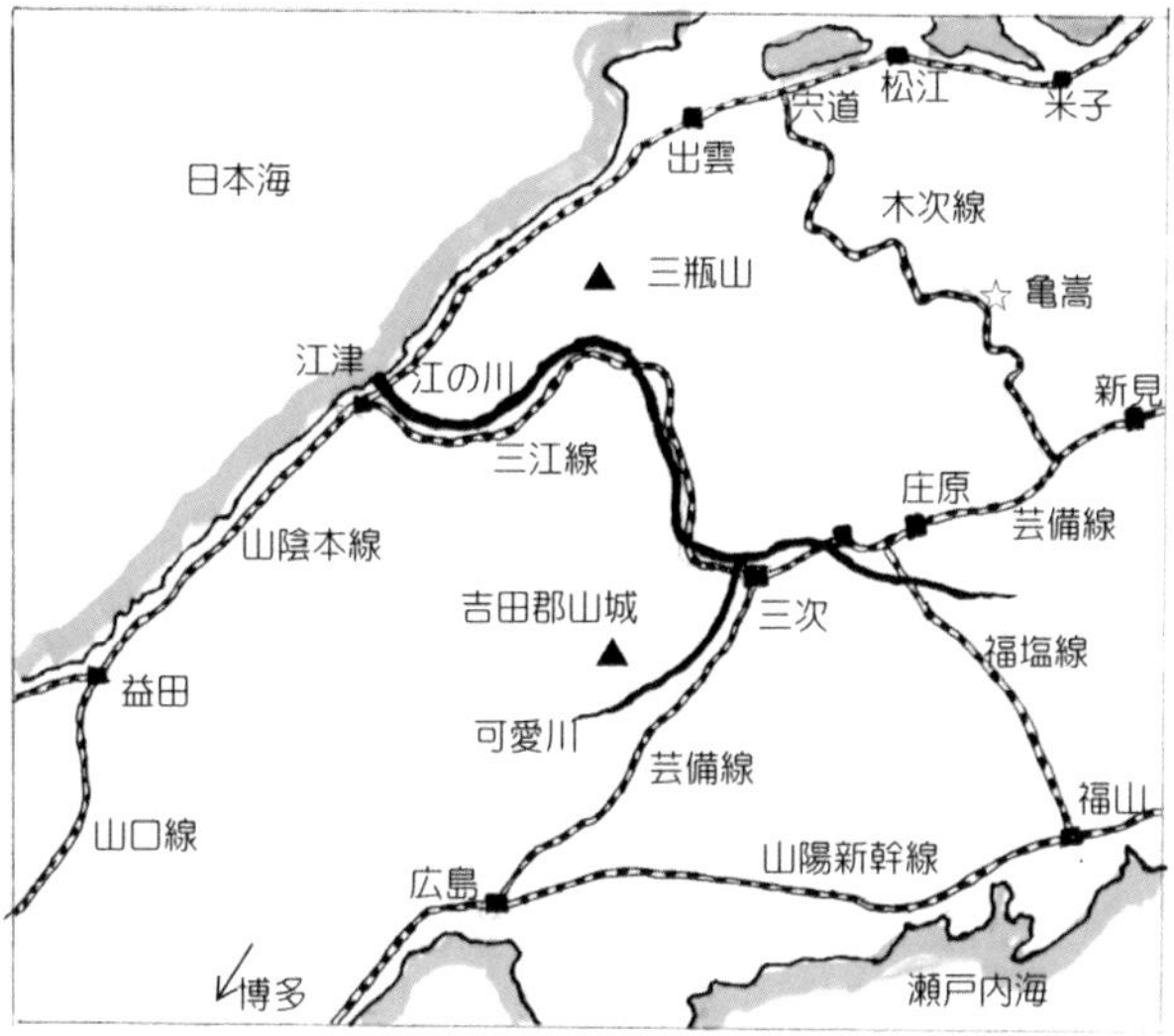

が、あまりの乗客の多さに、隣の木次線《きすき》の機関区から1両借りて、2両編成にした。それでも、通勤ラッシュ並みの混雑だったらしい。集まったのはいわゆる「葬式鉄」と呼ばれる鉄道ファンと地元の住民であった。「葬式鉄」とは、廃止・廃線の時だけ別れを惜しんでやってくる死神のような鉄道ファンである。また、沿線住民も廃止を惜しんで大挙して三江線に乗ったとのことであるが、これも、「何を今さら……」とツッコミを入れたくなる。

今から30年も前の話であるが、憧れの四駆の車を手に入れた頃、やたらと山道を走りたくて、深夜、中国山地の山道を走り、工事の迂回路で道に迷ったことがあった。運良く通りがかりの地元の車に

特急「スーパーおき」

助けられ、迂回路を抜けるまで、その地元車に先導してもらった。その時に走ったのが三江線と並行して走る狭い道路で、「こんなところに鉄道が……。いつかは乗ってみよう」と心に決めていた。

そしてその長年の宿願がかなう日がやってきた。春3月、娘の小学校の卒業がらみの行事で、娘も妻も不在の日曜日を選んで旅程を組んだ。今は、インターネットで目的地や経由地を入力するだけで、簡単に乗り換えや料金まで検索できき、時刻表マニアとしては一抹の寂しさがあるが、便利な方で調べると、博多を朝の8時に出発し、新幹線を利用すれば、日帰り可能だった。

いよいよ2009年（平成21年）3月、旅を決行した。旅の朝、早起きして8：04博多発の「ひかり」に飛び乗った。新山口（小郡）までわずか39分。ここで山口線に乗り換えて、特急

江の川河口

車窓の日本海

「スーパーおき」で江津をめざした。

途中には湯田温泉や津和野など観光地があり、津和野でほとんどの乗客が下車した。益田からは山陰本線を走るわけだが、このあたりの車窓風景は、雄大な日本海と石州瓦（石見《いわみ》で生産される瓦）の赤茶色の屋根が定番である。

江津には11：18に到着。ここで1時間半の乗り換えの時間があったので、昼食も兼ねて、江の川の河口まで散策した。芭蕉のパクリだが「春の陽を海にいれたり江の川」というイメージで、落陽の時の景色を想像した。

いよいよ、惚れた女の部屋に上がりこむような気持ちで12：44江津発の1両編成のディーゼルカーに乗り込んだ。三江線には江津〜三次直通の列車はなく、途中の浜原駅で乗り換えなくてはならない。

乗客は他には、おばあさんが一人で、おそらく通院か買い物で利用しているのであろう。ディーゼルカーは、定刻、江津を出発した。

三江線は浜原までは川の左岸を川に沿って走る。江津～浜原間の旧三江北線は、着工は１９３０年で、当時は架橋技術も予算もないから、川の蛇行に合わせて、地形に逆らわずに線路を敷いた。ちなみに広島側の三次～口羽《くちば》間は、旧三江南線で、両者が１９７５年に繋がり、全線開通となり三江線となった。

ゆったりと流れる江の川を左の車窓に眺め、列車に揺られた。両岸には平地は少なく、山が迫っている。広い平地で人家が多い駅に着いた。駅もりっぱな造りである。川本駅である。おばあさんがここで降り、酔狂な旅人一人の貸し切り状態となった。

列車はさらに、中国山地の奥深くへと江の川とともにトコトコと走った。川の左岸は単線の線路とバスは通れそうにない細い道路という地形である。このバスも走れそうにない狭い道路のため代行バスを走らせることができず、幾度も三江線廃止の話が持ち上がっても、廃止にできなかったという経緯がある。また、崖が迫っているので、豪雨・豪雪の時には、

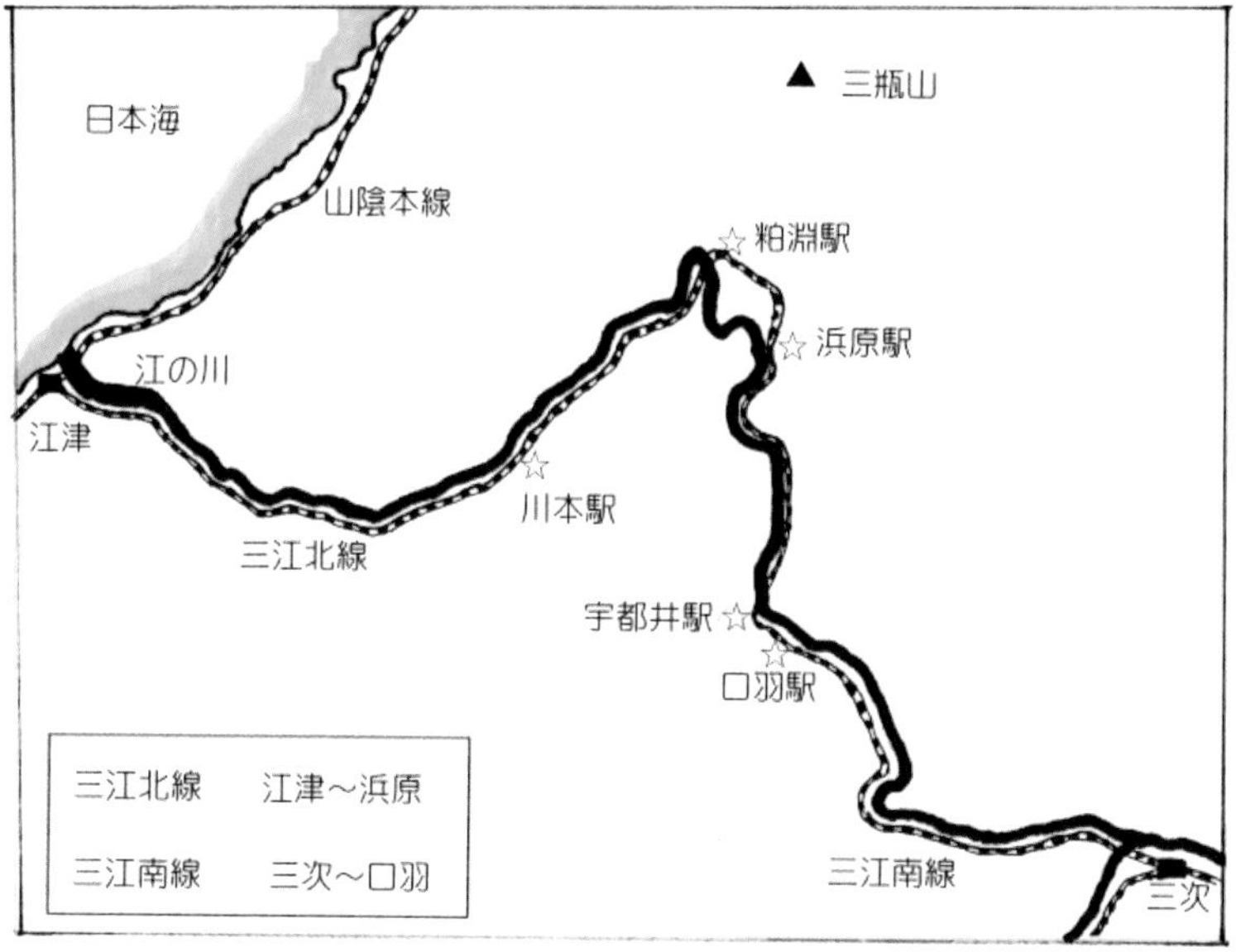

粕淵駅から浜原駅へ至る川沿いの土手道。左手の江の川が90度蛇行している。前方遠くに三瓶山。浜原の町並みは石州瓦

運休することが何度もあった。

確かに、滔々たる大河とそれに迫る山々との組み合わせは景色としては絶景であるが、自然災害には無力であっただろう。

粕淵《かすぶち》で途中下車することにした。粕淵は三江線沿線で最大の町である。しかし、駅前に降り立っても、人影はなく、見るべき観光施設もなく、江の川の土手道を次の浜原駅まで歩いた。このあたりが江の川が大きく「へ」の字にカーブしている箇所である。町並みの屋根は石州瓦の赤茶色で、屋根の向こうに遠く三瓶山を望むことができる。

大河と瓦と山の組み合わせは、私のような物好きな旅人には、感動する景色かも知れないが、温泉もなく、名所旧跡も乏しいこの町では、観光客は来ないだろう。

浜原駅まで歩いて、16：47三次行のディーゼルに乗り換えた。この浜原から口羽までの区間は、完成が1975年と新しく、線路敷設技術の発達のおかげか、路線はトンネルと高架になっている。

高架のため、途中駅の宇都井《うづい》駅は、とんでもなく不親切な駅となってしまった。なんと地上4階建てのビルと同じ高さで、階段は116段。エレベーターなどはない。付近の住民は、お年寄りが多いから、利用するわけがない。年間の駅利用者は廃止までの数年間、0人あるいは1人という有様だった。

浜原駅。左は三次行、右は江津行

宇都井駅

ところが、三江線廃止が決まると、この駅が「天空の駅」と、もてはやされた。確かに旅行者から見れば、「天空」だが、地元の利用者にとっては、「地獄」のような駅である。なんとも皮肉な話である。

宇都井駅を過ぎると列車は島根・広島の県境を走り、やがて、三次駅に18：39に到着。盆地であるため、すでに夕闇がせまっていた。

芸備線の広島行きまで1時間以上あったので、ここで夕食にした。三次の名物はワニ料理である。ワニとは鮫のことである。山奥のため、新鮮な魚介類が手に入らず、日持ちする鮫を食べざるを得ず、これが名物というのは何とも悲哀を感じる。駅近くのレストランで、「ワニの煮こごり」を好奇心で追加注文したが、愚かな好奇心を後悔した。

また、三次は芸州浅野家の支藩があったところで、忠臣蔵の浅野内匠頭の正室（瑤泉院）はこの藩の出身であった。

すでに日はとっぷりと暮れ、三次19：54から芸備線経由で広島をめざし、帰途についた。この路線は途中、毛利元就の居城があった吉田の近くを通る。吉田口駅に着いて、右手の車窓をながめるが、啄木が詠んだ「山間《やまあひ》の町のともしびの色」のみで、城があった山々は想像するしかない。

雨に濡れし夜汽車の窓に映りたる
山間の町のともしびの色　　啄木

毛利元就は、1540年の「郡山城籠城戦」で尼子の包囲軍を撃退し、人生最大の危機を乗り越えた。当時、この付近は尼子の大軍勢3万に満ちあふれていたことだろう。そんなことを思い描きながら、列車は広島に21：48到着した。

広島からは「のぞみ」で、わずか1時間7分で博多に23：13帰り着いた。平均時速33キロというのんびりした三江線に乗った後だっただけに、新幹線は「速い、便利、快適、だけど……」ということを再認識した。とはいえ、新幹線の恐るべき速さのおかげで、今回の旅が所要時間約17時間と、日帰り可能であったのも事実である。

　山と山の間をぬうように蛇行する大河。そして川と呼吸を合わせてのんびり走る列車。この鉄道に一番似合うのは「寅さん」以外にないだろう。第13作「男はつらいよ 寅次郎恋やつれ」で、寅さんは、温泉津《ゆのつ》でフラれ、津和野で歌子ちゃん（吉永小百合）と再会するという相変わらずの恋の遍歴の旅をしたが、この作品のロケ地に三江線を加えて欲しかったと思う。封切りは１９７４年だったから、三江線の全線開通があと2年早ければ、全通を祝う意味でロケ地になっていたかもしれない。三江線には寅さんがよく似合う。しかし、寅さんも三江線も過去のものになった。

　ＪＲ西日本が次の廃止の標的にしているのが、隣の木次線である。ここも三江線同様、超ローカル線であるが、沿線には、松本清張の『砂の器』で一躍有名になった亀嵩《かめだけ》駅がある。また、いわゆる雲南地

方（奥出雲）は、八岐大蛇《やまたのおろち》伝説の斐伊《ひい》川沿いに観光資源が多い。木次線は、標高700m以上を走り、JR西日本屈指の山岳路線のため、豪雨や積雪で運休することも多いが、三段スイッチバックやトロッコ列車など、鉄道ファンを惹きつける魅力がある。

　沿線には、雲州算盤という地域ブランドがある。鉄道を残すか廃止するかは、単なる算盤勘定ではないことを沿線住民がJR西日本に訴え、態度で示すべきである。それに応えるか否かは、JR西日本の手腕にかかっている。また、ローカル線大好きな「乗り鉄」の心意気にも訴える次第である。廃止が決まってから大騒ぎしていては、閉店セールにむらがる野次馬と同じレベルである。

水郡線《すいぐん》

昭和から平成に替わる頃、栃木県宇都宮に2年間住んでいた。車を持ってきていたので、連休は東北・信州などを走り回っていた。さすがに東日本では福岡ナンバーは目立つ。

乗り鉄を自認していた私は、水郡線に乗る機会を伺っていた。水郡線は文字通り茨城県水戸と福島県郡山を結ぶ単線のローカル線である。

ちょうど、職場の後輩が実家の郡山に車で帰省する話を耳にして、郡山への同乗をお願いした。

土曜の午後に宇都宮を出発し、私は郡山駅前のビジネスホテルにチェックインした。翌朝、郡山発のディーゼル気動車に乗車した。心躍る瞬間である。日曜日であるが、行楽客は少なかった。

列車はしばらく東北本線上り線を走り、安積永盛《あさかながもり》の駅で東北本線と別れる。阿武隈川の橋梁を渡り、いよいよ阿武隈の山の中に入って行く。水郡線は、磐城石川駅までは阿武隈川と付かず離れず走っている。

棚倉駅に着く。棚倉は棚倉藩があった城下町で、かの有名な立花宗茂が１６０３年に立藩した。

立花宗茂は関ヶ原の合戦で西軍についたため柳川十三万石を改易され浪人となった。だが、徳川家康は宗茂の武勇を惜しみ五千石で旗本に取り立てた（一説には宗茂が大坂方に味方するのを恐れたためとも）。さらに、二代将軍秀忠は一万石に取り立て大名にした。以後、宗茂は順調に加増を重ね、ついには柳川十二万石に帰り咲くのである。西軍だった武将で、旧領に復活できたのは宗茂ただ一人である。

宗茂の生い立ちについて述べる。宗茂は高橋紹運の嫡男でありながら、立花道雪に請われて道雪の養子となる。道雪病没後、島津軍の筑前侵攻が始まる。紹運は大宰府岩屋城で、宗茂は立花山城で守るが、紹運は岩屋城で島津軍を食い止め、壮烈な戦死を遂げる。戦後、秀吉に賞賛され、宗茂は柳川十三万石に封じられる。以後、宗茂は文禄・慶長の役でも活躍し、関ヶ原では秀吉の恩義に報いるため西軍についた。

その後の返り咲きストーリーは、NHK大河ドラマの主人公にふさわしいと断言できる。是非、取り上げてほしいものである。

その棚倉を過ぎると列車は阿武隈川から久慈川に沿って走る。福島県最後の駅、矢《や》祭《まつり》駅に至る。矢祭町は阿武隈山地に囲まれてキャンプ場が多いのか、小学生の行楽客の団体がこの駅で降りた。久慈川沿いの渓谷を走るこの列車は紅葉の時期は観光客

水郡線

水郡線は水戸と郡山を直接結んでいるが、水戸から郡山への最短コースではない。時間的最短コースは水戸から常磐線特急で上野駅まで行き、そこで東北新幹線に乗り換え郡山へというのが正解である。地図で見ると相当な遠回りである。水郡線を使ったトリックで殺人事件のアリバイを作るというのが、西村京太郎の「十津川警部シリーズ」でTV放送されたことがあった

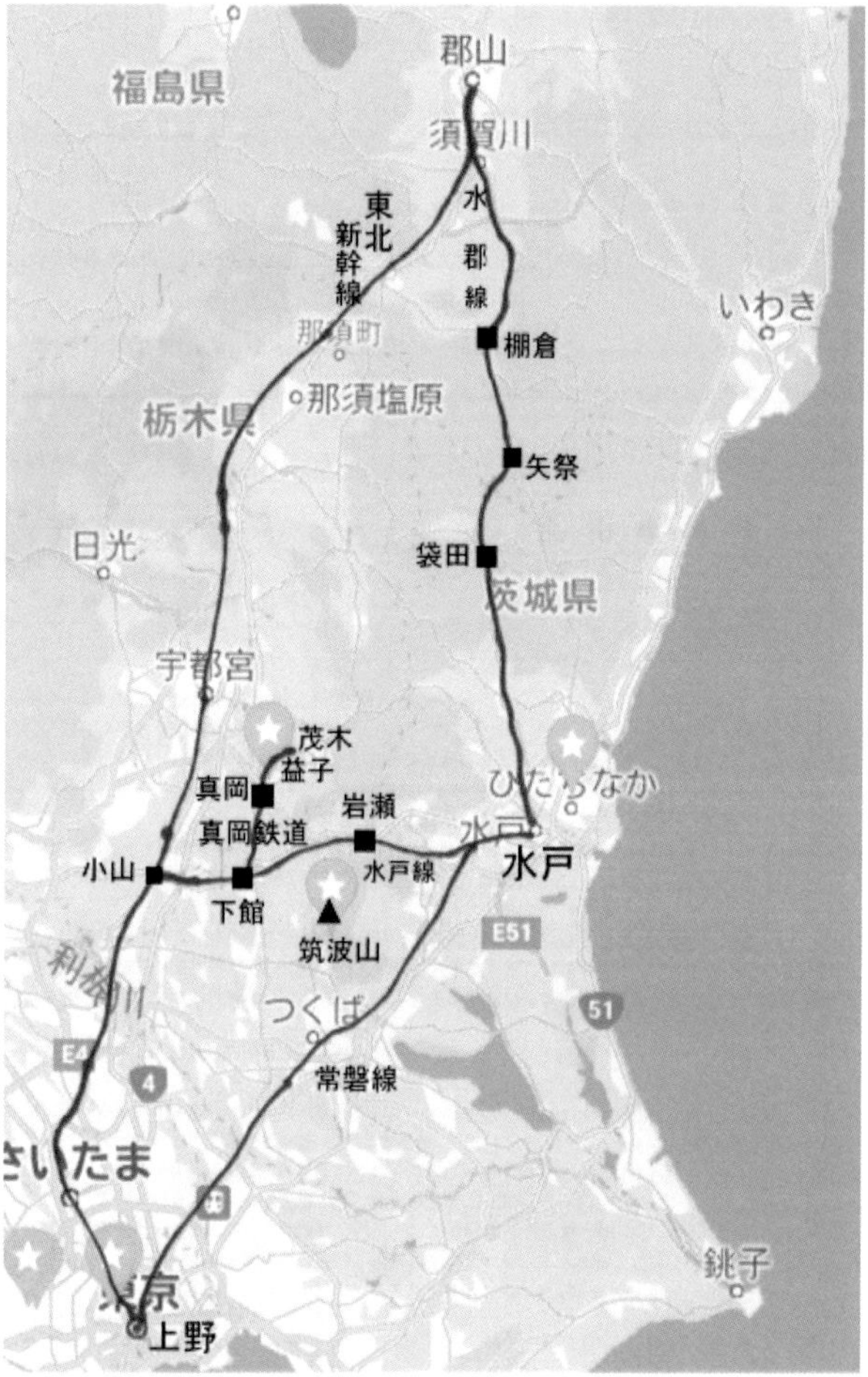

で賑わうそうである。福島・茨城の県境あたりで渓谷美は最高潮に達する。県境を過ぎて久慈川に沿って走り続け、茨城県袋田《ふくろだ》駅に着く。袋田の滝で有名である。袋田の滝は日本三大名瀑（那智・華厳・袋田）のひとつである。車で訪れたことがあるが、通常の滝と違って巨岩を流れ落ちる滝は見ものである。特に真冬に凍結した滝は絶景である。

袋田駅をすぎると線路は久慈川に沿って少しずつ高度を下げていく。久慈川の川幅が広がり、山が遠くなると阿武隈山地を抜けて田園地帯を走る。車窓に人家が増えビル群が見えると、列車は水戸駅に入った。

水戸なら偕楽園は見学すべきと、千波《せんば》湖まで足を延ばす。昼飯として派手な看板のラーメン店に入った。看板にあったキムチラーメンをオーダーしたが、私には辛みが強かった。食後、胃の中でキムチと辛麺が暴れ回っていた。

宇都宮への戻りは水戸線に乗った。途中、岩瀬駅の手前で、梅雨末期のゲリラ雨に遭遇し、列車がストップした。30分ほどの停車のあと、列車は動き、岩瀬駅を過ぎると左手の車窓に筑波山が見えた。雨上がりでもあり、特徴のある男体女体の両峰が美しく輝いていた。

下館に着き、真岡《もおか》鐵道に乗り換えた。真岡鐵道は旧国鉄真岡線で、下館と茂木を繋ぐ第三セクターの路線である。現在では、ＳＬを走らせて益子《ましこ》焼もからめて人気の路線となっている。真岡駅で降りて、宇都宮行きのバスに乗って夕刻、帰り着いた。

水郡線は、のんびりした列車だった。単線なので、駅での列車交換の時間があるとはいえ、急がない旅人には、四季の渓谷美と山岳美は魅力である。乗客が少ない、のろい遅いという理由で廃線にすることだけは避けてほしい路線である。

琵琶湖疏水

琵琶湖はその形が楽器の琵琶に似ていることからその名が付き、滋賀県のほぼ六分の一をしめている淡水湖である。昔は淡海《おうみ》と呼ばれ、それがこの国の国名となり、浜名湖のある遠江に対して近江の文字が用いられるようになった。

琵琶湖の西の比良山系及び東の伊吹山系に降る雨は、中小の160余りの河川となり琵琶湖に流入するが、排水河川はただ一つで、南端の瀬田から瀬田川として流出し、宇治川・淀川と名前を変え、京・大坂圏を潤しながら大阪湾に注ぐ。したがって琵琶湖は京阪地方の唯一・最大の水がめである。

大阪府民・京都府民が滋賀県民をディスると、滋賀県民は必ず「琵琶湖の水止めたるぞ」とやり返すのが定番である。

琵琶湖を発した瀬田川は南流してじきに東海道を横切る。ここに架かる橋が、かの有名な「瀬田の唐橋」で、京都防衛上の軍事上の最大拠点である。つまり京の都そのものに地形的防御力はなく、東から攻められた場合、守備側は、ここを死守するかあるいは橋を焼き落として時間稼ぎをするかのいずれかで、その間に天皇は比叡山か吉野に落ち延びるというのが、繰り返された歴史であった。そのためこの唐橋は、何度

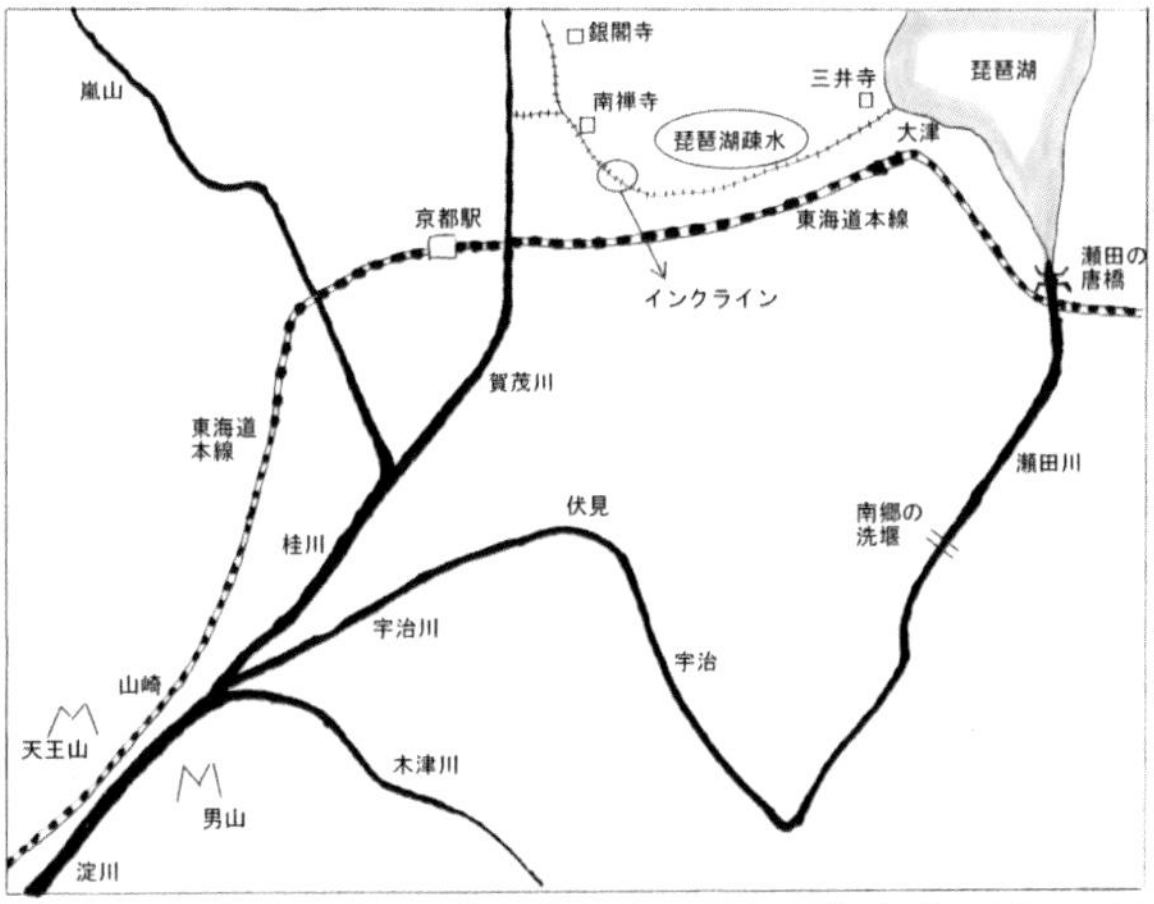

インクラインはケーブルカーと同義。旅客を運ぶのがケーブルカーで、資材や荷物を運ぶのがインクラインと区別されているが、基本的構造は同じ

となく焼き落とされ、その度に架け替えられた。

古来より「唐橋を制するものは近畿を制す」と言われ、余談ではあるが京都進軍中、病に倒れた武田信玄が「瀬田の唐橋に武田菱の旗をたてよ」と遺言したことでもその重要性がわかる。ちなみに西の防衛拠点は山崎の天王山であるが、これはもう少し川を下った中流域である。

唐橋をくぐると、数キロで南郷の洗《あらい》堰《ぜき》に至る。これは琵琶湖の水位を調節しているダムである。さらに南進して宇治の茶畑を潤して、90度西に方向転換し、県境で宇治川と名前を変える。伏見で京に最接近して、いよいよ山崎に至る。ここで二大支流、すなわち伊

昔の南郷洗堰。現在は下流に新しい洗堰が建設されている

賀地方からの木津川、京都からの桂川を合して淀川となる。

山崎は、北は天王山、南は男山がせまった狭隘な地で、大軍を迎え撃つには恰好の地で、攻撃側はここをいち早く突破して天皇の身柄を拘束できるかどうかが、官軍と賊軍の分かれ道であった。このように歴史の証人のごとく、淀川は、三河川を合流して滔々と流れ続け、西流して大阪に入り、琵琶湖を発して以来79キロの旅を終える。

ところで琵琶湖の排出河川は、ひとつと言ったが正確にはもうひとつある。それが琵琶湖疎水運河である。これは琵琶湖の水を直接京都市内に取り入れるという構想のもとに建設された運河である。運河の取り入れ口は、「晩鐘」で有名な大津の三井寺付近にある。

この疎水は明治27年に完成し、逢坂山と東

疎水取り入れ口

山にトンネルを掘って、琵琶湖の水を直接京都市内に導入するもので延々20キロにも及ぶ。そして、この水は上水・発電・交通・防火に利用されてきた。この電力により日本で初めて京都に市電が走り、元来、保守的な京都人にこのような先進性があったことに驚くばかりである。

京都市内を流れる川は賀茂川と桂川が有名であるが、いずれも北から南に流れるが、この疎水だけは南から北へと逆方向に流れ、京都に独特の景観をもたらしている。有名なところでは、銀閣寺付近の「哲学の小径」、南禅寺の「疎水橋」、蹴《け》上《あげ》の「インクライン」である。

「哲学の小径」は疎水沿いの道で、かつて西田幾多郎や旧三高生（現在の京大）が思索にふけりながら歩いたという散歩道である。

インクライン

今では、若い女性が多くて、私は「哲ギャルの小径」と秘かに命名している。散歩道の途中の若王子《にゃくおうじ》には、有名な喫茶店がある。新選組の土方歳三が最高のはまり役だった俳優の栗塚旭が経営する店である。運が良ければ「歳さん」に会えるかも。

南禅寺の「疎水橋」はローマの水道橋を思わせるアーチ型の橋で、レンガ作りのせいか南禅寺の山内にあって不思議と違和感のなく溶け込んでいる。

この計画が持ち上がった時、「寺にふさわしくない」と猛反対があったが、今では南禅寺にはなくてはならない景観になっている。映画・TVのロケがよく行われる場所でもある。同じ南禅寺山内にかの石川五右衛門が「絶景かな絶景かな」とみえをきった山門がある。

蹴上の「インクライン」は、疏水道の急勾配

南禅寺境内の疎水橋

の部分に鉄軌道を設置して、船を台車に乗せてケーブルカーのように運ぶもので、若狭の小浜や敦賀に陸揚げされた魚や米は、ここで船に積み込まれ、疎水を下り鴨川に合して淀川を下って、大阪まで運ばれた。「インクライン」の設置により森鴎外で有名な高瀬川の舟運はさびれてしまったが、「インクライン」も鉄道の開通により同様の運命をたどる。

ところで、琵琶湖疎水が完成したのが明治後期で、この時期の建造物はほとんどがお雇い外国人の手によるが、この疎水は日本人の設計によるものである。しかも、工部学校を卒業したばかりの若き技師であるから驚きである。技師の名は田邉朔郎。完成して100年以上になるが、この疎水が与えた恩恵は計り知れない。

昨今の公共事業が「工事予算のための工事」で、工事が必要なのではなく、工事予算が欲しいだけであることは嘆かわしい限りだ。例を挙げれば、諫早の水門である。これが計画された時は、日本は食糧不足で、干拓工事は必要な事業であった。しかし、数十年の時が経ち、米が余るような事態になって、干拓工事が必要な事業かどうかという見直しはなされなかった。農政官僚のつまらぬ意地が、ついには佐賀県と長崎県との県同士の裁判沙汰にまで発展し、解決の糸口はみつからないままだ。米が余り、農業就業者が減り耕作放棄地が増える状態で、干拓事業が必要かどうかは小学生でも分かる。干拓は昔から行われてきたが、生態系を守りつつ少しずつ干潟を埋め立ててきたはずだ。とんでもない水門を造って、一気に埋め立てることが、海の生態系を破壊することは中学生でも分かる。

小中学生でも理解できることが、意地と見栄とメンツによって、大学の専門分野で学んだ人間の目を曇らせたというべきか。

琵琶湖疎水は後世の手本となるべく産業遺産として讃え、一方、諫早水門は後世への反省も含め、負の産業遺産として、また、同じ過ちを繰り返さないためのみせしめとして後の世まで語り続けなくてはいけない。

七人の雀友

私が大学に入って手始めにしたことは麻雀友達（雀友）を集めることだった。努力の甲斐があり、七人の雀友を確保した。（私を含めて八人。二卓確保）麻雀だけでなく、喫茶店に屯《たむろ》し、下宿に遊びに行き、試験前には一緒に勉強した。いつも一緒の仲良しグループとなった。

私は夏休みのバイトで稼いだ金を頭金にして毎月３０００円のローンで12万の中古車を買った。車はホンダＮⅢ（エヌスリー）で、バイクのエンジンを転用した2気筒空冷の4人乗りの軽自動車。わずか３６０ccで36馬力をたたき出すという本田宗一郎の執念がこもった車だった。５４０キロの軽量ボディのおかげで最高速度１２０キロとなっている。（カタログ値）

実際、この車で60キロ以上で走ると会話不可能、１００キロ以上出すと異次元の世界に入る。

私が車を手に入れてからは、麻雀の後、そのメンバー四人でドライブに出かけるようになった。

11月末の大学祭の時、麻雀の後、車でどこかに行こうかということになった。大学祭で授業が休みの時期だったので、行先は、えびの高原になった。

長浜ラーメン（当時替え玉5回しても計200円）で腹いっぱいになって、深夜の3号線を突っ走った。人吉から加久藤《かくとう》峠を越えて、えびの高原に夜明け前に到着した。えびの高原駐車場で仮眠をとり、どこかに泊まろうということになり、あちこち安宿を探し回り、白鳥温泉という一軒宿に決め、夕食まで宿の近くを散策。

電気が通っていなかったので、ランプの灯りのもとで夕食を済ませた。それから深夜まで、ランプの灯りの中で麻雀をしたのは思い出に残るひと時だった。

翌日、宿を出て、さてどうやって帰ろうかということになり、熊本の濟々黌《せいせいこう》出身の赤星《あかぼし》の案で椎葉を通って帰ることにした。赤星は熊本愛が強く、濟々黌・阿蘇・熊本城をいつも自慢していた。

車は小林市から265号線で山の中に入った。想像以上の悪路で、男が四人乗った360ccエンジンでの登り道は高回転でパワーを出すというエンジンの特性上、ローギアでしか登れなかった。ただし、九州の屋根というべき周囲の山岳風景は感動ものだった。なんとか西米良《めら》村まで走り、さらに山奥へと進み、夕刻、椎葉に着いた。椎葉で泊まる金もなかったので、そのまま福岡に帰ることになった。

椎葉からの265号線は悪路と難所の連続で、山を登っては下り、登っては下りの連続だった。カーラジオの音も入らず、不安を紛らわせるかのように、校歌による歌合戦をすることになった。一番手は赤星で濟々黌の校歌を最後まで歌いきった。次に芦屋の鹿島《かじま》が東筑、飯塚の力武《りきたけ》が嘉穂の校歌を歌った。私は、運転中ということで、この年レコード大賞を取った「喝采」の出だしをちあきなおみ風に歌ってごまかした。闇に包まれた国道265線を走りきり、馬見原《まみはら》に着いたのは夜の9時を過ぎていた。馬見原三叉路で265線は終わり、松橋《まつばせ》と延岡を繋ぐ国道218号線に入る。三叉路を左折して松橋方向に針路を取った。

ここから先は熊本出身の赤星のナビで走り、松橋でなく御船《みふね》方向にコースを取った。御船に近づくと荒れた山道は平坦な舗装道路に変わった。ここで赤星が、

「この辺、昔、バイクで走りよったけん道はよう知っとう。免許取ったばかりやけど、運転させやい」と私の首を絞めてきた。

私は福岡を出発してからずっとハンドルを握りっぱなしで、疲れもあったので、運転を替り、後席に移動した。だが、これが命を危険にさらすミスとなった。

赤星は、始めは慎重に運転していたが、慣れて来ると、だんだんスピードを上げた。後席でうとうとしていた私にもエンジンが唸っているのが分かり、注意しようとした矢先だった。

突然、「あっ」「うわっ」という声とともに段差に落ちたかのかのような衝撃が襲った。タイヤのきしむ音とともに車はコンクリート壁に衝突して跳ね返され、右に90度

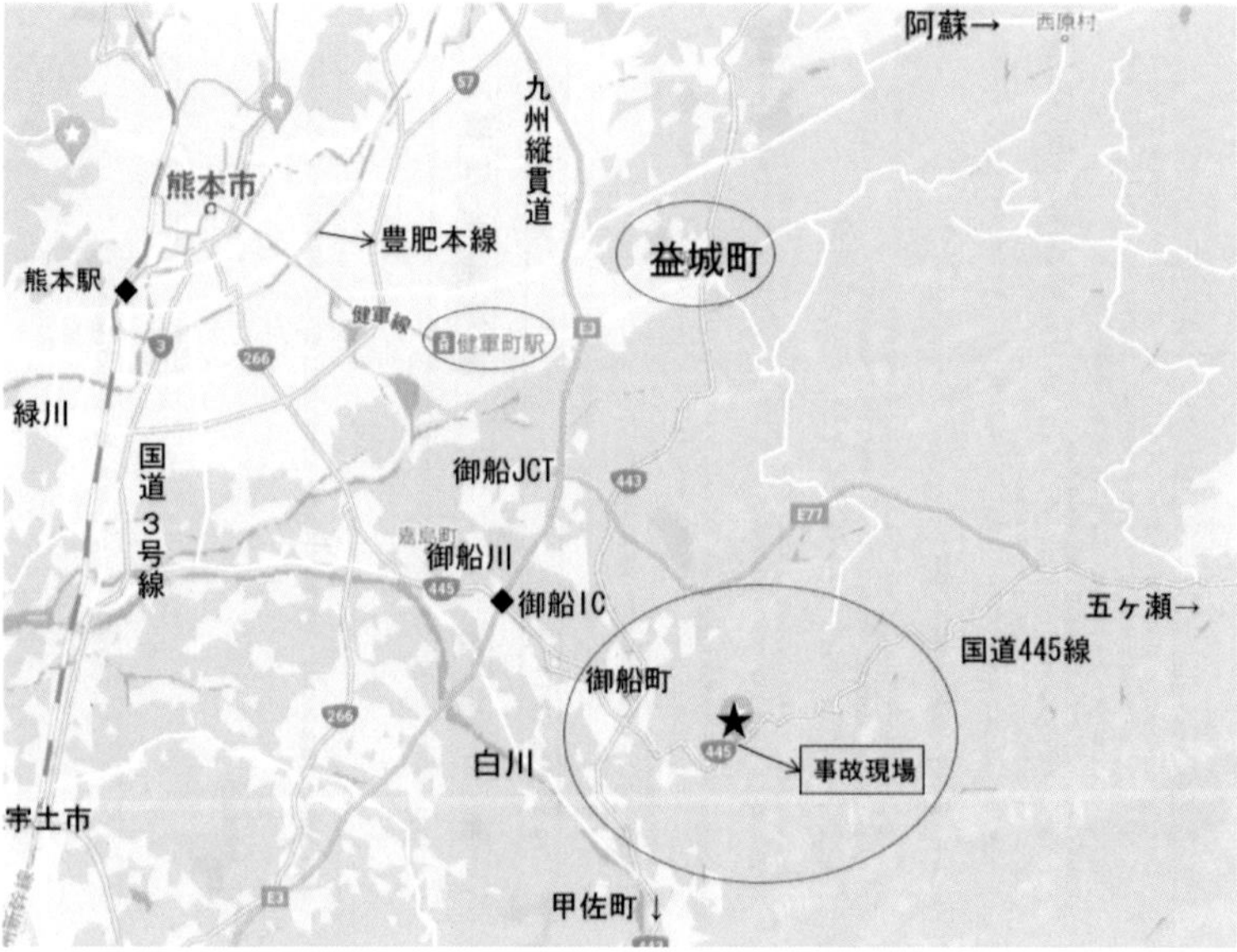

横転して停止した。
つまり、スピードを出し過ぎて、急な左カーブを曲がりきれず、右に大きく膨らんで、道路右側の側溝に後輪を落とし、左にハンドルを切って体勢を立て直そうとして今度は左側の堤防のコンクリート壁に激突。跳ね返されて横転ということだった。
私は運転席後ろの席にいたわけだが、左の席にいた重量級の力武が私に折り重なってきた。私自身は、かすり傷ひとつなかったが、顔や腕にチクチクしたものが触れるのが不気味で、窓ガラスが割れたと思った。
「おーい。生きとるや？　大丈夫や？」と私。「大丈夫やけど膝ば打った」と私にのしかかってきた力武。「ハンドルで胸ば打ったばってん、大丈夫」と運転していた赤星。「どげんもなか。シートベルトしとったけん」と助手席の優男の鹿島。

「じゃ、鹿島。外に、はよ出れ。左のドアからしか出られん。他の車がぶつかってこんごとしちゃりやい」と私。

鹿島はなんとか助手席のドアを開け、外に這い出た。他の車が来ていないのを確認しながら、赤星を引っ張り上げた。力武は膝を打撲したようで、私がお尻を押し上げながら三人がかりで引っ張り上げた。最後に私が引っ張り上げられ、全員、車外に出ることができた。

そこで、私が見たものは、横転して腹をさらした無残な車だった。とりあえず四人がかりで車を起こし、安全な路肩に移動させた。

車のエンジンをかけてみたが反応なく、相当なダメージをうけたことに愕然とした。服についている俵ピーナッツの殻に気がついて、チクチク顔に触れていたものが、何か理解できた。

事故の張本人の赤星が、「オレのせいやけん、親父に電話して迎えに来てもらうごとするけん」と、いうことで、四人は電話がある所を探すため、膝を打撲した力武に合わせて、ゆっくりと歩き始めた。

あらためて、私は周りを見渡した。街灯もなく真っ暗だったが、左側に川（白川支流の御船川）が流れているのが分かった。コンクリート壁と思われたのは堤防だった。もし、これが普通のガードレールだったら、間違いなく川に転落して溺死していたかと思うとぞっとした。

力武だけが、足を引きずって痛々しかったが、誰一人おんぶしてやると言う者はいなかった。1時間近く歩いて、遠くに店らしき灯りを見つけた時は、歓声を挙げた。

赤星が父親に電話し、迎えにきてくれることになった。父親にすれば、自分の息子が起こした事故に知らんぷりは、できなかったのだろう。父親は警察官だった。

1時間ほどして、父親が車で現れ、まず事故現場に戻り、車の状態を確認していた。それで車がけん引で運べる状態なのが分かり、父親の車でけん引することになった。たいした怪我もないので119番は必要なく、他者を巻き込んでもいないので、110番の必要もないというのが、警察官である赤星の父親の判断だった。

私の車は、けん引されて熊本市を目指した。市内の大きな修理工場の駐車場に車を入れた。（後から聞いた話では、ここは熊本県警専用の修理工場だった）

四人は赤星の実家に一晩泊めてもらうことになった。

余談だが、赤星の実家は熊本市健軍《けんぐん》町で、平成28年の4月14日に熊本地震の直撃を受けた。当時、赤星は千葉に住んでいたが、心配で翌日、とり急ぎ帰省した。

倒壊するほどの被害もなかったと安心して寝床につくと、なんと深夜1時過ぎ、マグニチュード7・3の本震に襲われた。家は倒壊して家具の下敷きになったそうで、たいへんな目にあったと後で聞かされた。地図で見れば、健軍町は最大の被害地だった益城《ましき》町からかなり近い。以上余談。

翌朝、朝食を済ませ、四人は福岡に帰ることになった。力武の打撲は良くなっていた。

健軍町には自衛隊西部方面隊の司令部があり、町のそこかしこに自衛隊関連の施設がある。当時は自衛隊があるから健軍町という勇ましい町名になったと解釈していた。赤星も熊本は自衛隊の九州沖縄における中核だと自慢していた。

健軍町には阿蘇四社のひとつである「健軍神社」があり、これが町名の由来であることがあとで分かった。

健軍町電停から路面電車に乗って熊本駅に行った。だが、四人の所持金をあわせても一人分の汽車賃もなかった。ここで、赤星が「オレにまかせときやい」と……。

まず熊本駅でひと駅分の切符を買い、上りの電車で大牟田駅へ。大牟田駅で西鉄大牟田駅への連絡通路をダッシュで走り抜け、大牟田線急行で福岡へ。福岡駅に着くと、精算窓口に、切符をなくしましたと料金精算。明らかな不正乗車で犯罪である。

――ＪＲ（当時は国鉄）と西鉄の関係者の方にはこの場でおわび申し上げます――

バス賃もないので、天神から六本松まで歩き、無事帰り着いた。車は赤星の父親の伝手で修理され、正月前に、赤星が熊本から福岡まで陸送して私の元に帰ってきた。

事故から3か月後の昭和48年2月。私はその車で単独で日本一周をした。この旅行記は筑紫山脈18号の「ホンダＮⅢ」として掲載し、本誌にもＰ24に掲載している。

赤星はそのあと懲りることなく、ホンダＺを手に入れ、事故から半年後の5月の連休に私の車と2台連ねて、京都奈良へのドライブ旅行をした。雀友の七人が2台に分乗したが、春休みに免許を取ったのが二人いて、運転は楽だった。

それから数年の月日が流れた。赤星が熊本の水前寺公園の結婚式場で式をあげることになった。八人の仲間の中では結婚第一号だった。私は友人代表のスピーチをしたが、この事故の顛末を暴露し、大いに受けた。不正乗車のことは、警察関係者もおられたので割愛した。

もし、対向車がいたら
もし、歩行者を巻き込んでいたら
もし、後続車が突っ込んできていたら

もし、車が炎上していたら
もし、川に落ちていたら
半世紀経った今、笑い話になる事故で済んだのは幸運だったと痛感している。

明智平

栃木県がどこにあるか知らない人は多いが、日光を知らない人はいない。栃木県人には栃木県を日光県に変えようと言う人もいるくらい日光の名は日本中に轟いている。それもそのはずで日光は、神社・仏閣・名所・旧跡・温泉・滝・湖・高原・湿原・山・祭り・花と日本人好みのスポットがこれだけ揃っていることでは他に例を見ない。これに磯・砂浜・岬があると完璧であるが、栃木は海無し県である。

日光東照宮から中禅寺湖へ向かうと、カーブ四十八曲がりに「いろは」四十八文字を当てたのがその名前の由来となっているいろは坂を登るのだが、標高差５００ｍを一気に登る道路で、ここは紅葉の名所でもある（夜はカップルと暴走族の名所でもあるが）。

その途中に明智平という景色のよい所があり（当然カップルと暴走族のたまり場）、この地名の命名者は明智光秀であるという面白い俗説がある。なぜ明智光秀と日光が結びつくのか順を追って話を進めていってみる。

正史では、１５８２年、明智光秀は織田信長を京都本能寺で誅し天下を握ったのも

明智光秀

天海僧正

つかの間、羽柴秀吉との天王山の合戦にやぶれ、近江に敗走するところを小栗栖野で土民に殺された事になっている。ところがところがである、実は光秀は生き延びて、天海という名で徳川家康に仕えた……歴史学者が目をむくような俗説だが、私はこのような俗説が大好きだ。

他には例えば、源義経は衣川の合戦で死なずに、蝦夷に逃げさらに大陸に渡り、ジンギスカンになったとか。

昨年の大河ドラマ「麒麟がくる」の最終回でも光秀は生き延びたような演出があり、放送後、ネットではお祭り騒ぎになった。

話を元に戻して、まず天海の人となりを紹介する。天海は草創期の徳川幕府において崇伝とともに、家康の側近として活躍した怪僧である。家康の死後は廟所を久能山から日光に強引に移し、家康の神号を権現と定め、日光山を再興し経営して、今日の日光の隆盛の基を築いた。

当時の日光は男体山を御神体とする二荒山《ふたらさん》神社があったが、東照宮が設営されて、二荒《ふたら》の音読み「にこう」から日光と改名された。

その後、天海は上野寛永寺を開山、地位は大僧正までのぼり、1643年、108才で没した。当時としては異例の長生きであった。墓は日光にあり、東照宮のにぎわいをよそにひっそりとしたたたずまいをみせ、黒子に徹した天海の生きざまそのままである。

ところでこの天海という人物、その前半生は不明で謎が多く、また光秀と年齢的に近いこと（光秀1528年、天海1536年生まれ）、朝廷・公家に対する外交手腕の見事さ、豊臣家に対する辛辣な仕打ち、また光秀の首が確認されていない事等、いろいろと考えあわせると天海と光秀が同一人物と考えても不思議ではないのである。いやそう考えたほうが自然なのではないだろうか。そうだとすれば明智光秀〜天海〜日光（明智平）が一本の線で繋がり、おのずと明智平の地名の由来が判明する。

つまり自分の正体を明かすことができない天海は、自分の生涯をかけて再興した日光のかたすみに明智の名を残して後世の歴史家に謎をかけた……さらに思いを馳せれば、「オレは本当は明智光秀なんだ。信長を殺し、豊臣家を滅亡させ、あの狸親父の家康に天下を取らせたのはこのオレだ。朝廷・公家のことを知り尽くしたこのオレでなければ、田舎者の集まりの徳川幕府の対朝廷政策もうまくいかなかっただろう。そうだ、狸親父の墓を見おろすこの場所に由緒ある明智の名を残そう」と天海が明智平でそうつぶやいたかどうか……壮大なる歴史のロマンを感じてしまう。

もし日光に行く機会があれば、東照宮の入口、日本三奇橋（ちなみにあと二つは山口の錦帯橋と山梨の猿橋）のひとつ、「神橋」のたもとに天海の銅像が立っているので、ぜひ見て欲しい。何度その顔を仰ぎ見ても、なぜか光秀のイメージと重なってしまう。

新山口駅

1600年の関ヶ原の合戦で、毛利家は煮え湯を飲まされた。その天下分け目の合戦で西軍が敗走したとはいえ、毛利輝元は、まだ4万の大兵力で大坂城に残っていた。しかし、百二十万石安堵という条件で、輝元は大坂城を退去したものの、狡猾な徳川家康に騙されて、結局三十万石に大減封された。

毛利家は、この仕打ちを忘れることなく、見事267年後に徳川幕府を倒すのだが、この執念には畏れ入るばかりだ。平成になって、再びこの執念にお目にかかることになる。明治30年代、山陽本線の敷設工事が始まったが、山口市は鉄道を拒否した。理由は「鶏が卵を産まなくなる」というようなレベルだったろう。代わりに小郡町に駅ができ町は大いに栄えた。山口市民はやっと鉄道の重要性に気づいたが後の祭。なんとか小郡と山口を結ぶ路線（山口線）を敷設するが、所詮は支線。やがて新幹線が開通し、小郡には新幹線の駅ができ、ますます栄えた。

ここまできたら、せめて駅名だけでもと小郡駅に山口の名を入れるよう交渉するが、小郡町側の猛反対で没。ここであきらめないのが、長州人のすごさ。

ついには平成の大合併で小郡町を吸収合併し、「小郡駅」は見事「新山口駅」と変更された。１００年以上かかったが、恐るべきは山口県人の執念というべきだろう。

肥薩線

肥薩線は、文字通り肥後と薩摩を結ぶ路線で、鉄道ファンには人気の路線である。２０２０年7月の水害で大きな被害を受け、我がことのように心が痛んだ。

球磨川沿いに走る八代～人吉間は「川線」と呼ばれ、人吉から霧島の山々を峠越えする路線は「山線」と呼ばれている。ともに開業１００年を迎えた。

明治後期、門司港を起点とした線路が八代まで延伸された。当初の予定ではそのまま海岸沿いに鹿児島まで延伸する予定だった。

しかし、「線路が艦砲射撃にあう恐れがあるので、海岸沿いは好ましくない」と海軍から横槍が入った。時は日露戦争後で、バルチック艦隊を殲滅させて海軍上層部は鼻息が荒かったのだろう。

そのため、球磨川を遡って、人吉を経由する計画に代えられ、難工事の末、これが鹿児島本線となった。

しかし、この路線はループありスイッチバックありで時間がかかった。それで、当初の計画通り海岸沿いに線路がひかれ、これが鹿児島本線に昇格した。博多や東京へ向かう特急・急行が走る花形路線となった。一方、旧鹿児島本線は肥薩線というロー

矢岳駅

カル線に格下げとなり、さびれてしまった。

　線路の運命というものは不思議なもので、鹿児島新幹線の鹿児島～新八代間が一部開通すると、旧鹿児島本線の八代～出水間が「肥薩オレンジ鉄道」という第三セクターという形で切り捨てられた。一方、肥薩線は鉄道遺産が残った路線ということで、人気を博し、富裕層専用列車「ななつ星」のコースにも入っている。

　古い、遅い、効率が悪いということで切り捨てることが、必ずしも正しいわけではないことを肥薩線は教えてくれている。

「はやぶさ」と「まつかぜ」

太陽系の惑星モデルを見ると火星と木星の間が異様にあいているのがわかる。この間に惑星が入ると、水星から土星までほぼ、いい感じで並ぶ。実は、この間に「惑星の種」はあったのだが、一塊になって惑星となることができずに小惑星帯となって残った。この3億キロも離れた小惑星帯に2003年日本のJAXAが探査機を飛ばした。その探査機の名前が「はやぶさ」で、アポロ13号と同じくらいの山あり谷ありの数々のトラブルを克服して見事そのミッションを果たした。そして後継機「はやぶさ2」も輝かしいミッションを達成したのは記憶に新しい。

ところで、はやぶさ……漢字では隼。この文字を見ると、「紫電改のタカ」を愛読した世代ならば旧陸軍の一式戦闘機「隼」を思い出すだろう。そして加藤隼戦闘機隊が有名だ。

また、鉄道ファンなら、鹿児島〜東京間のブルートレイン「はやぶさ」が先ず思い浮かぶ。この列車は残念なことに廃止になったが、2011年開通の東京〜青森間の新幹線の愛称としてカムバックした。

本来のハヤブサは猛禽類の鳥で、急降下する時の速度は新幹線並であるので、新編成の新幹線の愛称に採用されるのもうなづける。「つばめ」も「さくら」も新幹線で名称が復活した。次に復活するのは、「あさかぜ」「あかつき」は、夜行列車っぽくて無理としても「富士」が残っている。もし、山陰地方に新幹線が通れば、「まつかぜ」で決まりだろう。

「まつかぜ」は今でも「スーパーまつかぜ」として走っているが、昔は、ディーゼル特急として博多~京都間を13時間30分かけて直通で結んでいた。これに乗って、のんびり山陰の海を眺めながら京都に行くのが夢だった。

まつかぜ時刻表（昭和46年頃）

博多	8:20	
小倉	9:15	
下関	9:30	山陰本線
長門市	10:54	
東萩	11:26	
益田	12:21	
浜田	13:03	
大田市	13:58	
出雲	14:31	
松江	15:03	
米子	15:32	
上井	16:24	
鳥取	17:01	
城崎	18:11	
豊岡	18:21	
福知山	19:17	福知山線
宝塚	20:49	
大阪	21:13	東海道本線
新大阪	21:21	
京都	21:58	

保津川下りの船から見上げるトロッコ列車

上りの山陰本線で亀岡を過ぎると、保津峡の見事な川景色が、「もうすぐ京都ですよ」と教えてくれる。現在この区間は、新線敷設により廃線になりかけたが、「嵐山トロッコ列車」が走っている。

山田堰《ぜき》

同人誌「筑紫山脈」の表紙を毎号飾っているのは、大國留美子さんの風情に溢れた作品だが、筑紫山脈36号は少し趣が変わって、ヤマダゼキです。「何それ？　お相撲さん？」「関所？　どこにあると？」と質問が飛び交いそうなので、ヤマダゼキについて調べてみた。

　山田堰は、ざっくり言えば「江戸時代、甘木朝倉地区への灌漑のために掘削された堀川用水の取り入れ口として筑後川に建造された石畳の堰」である。さらに調べると、半世紀以上前、私が国道３８６号線を通っている時に心に残っていた景色の中に山田堰があったことが分かった。詳しい報告の前に、まずは、

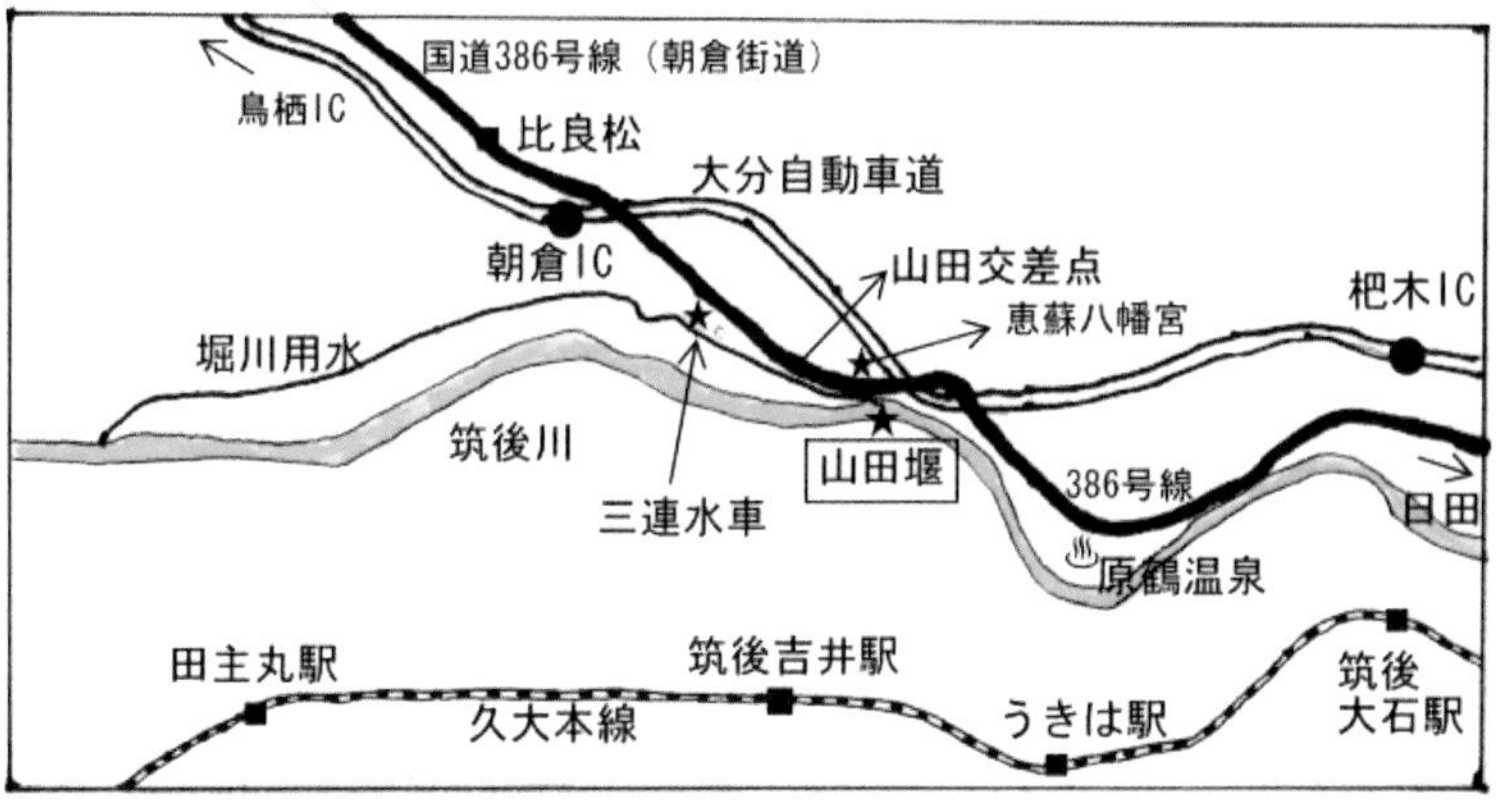

朝倉地区山田堰付近

山田堰

大阪万博開幕で世の中が、わくわくしていた昭和45年3月に時間を戻し、福岡から山田堰まで車に乗って行くことにしよう。

この年、浪人生となった私は、予備校の授業料を工面するため、日本通運で上《うわ》乗《の》りのバイトをしていた。上乗りとは、トラックに同乗して、荷物の積み下ろしを手伝う仕事で、久留米便や日田便に乗っていた。当時の国道3号線はバイパスもなく、慢性的に渋滞していた。

比恵にあった日通自動車便の営業所を出発して、二日市をすぎると、左に分岐する国道がある。これが、国道３８６号線（朝倉街道）で、日田便の場合は、ここで曲がる。分岐してまもなく西鉄大牟田線の踏切を渡る。右手に西鉄の朝倉街道駅、左手に

恵蘇八幡宮。手前は堀川用水

は甘木・杷木方面へのバス便で賑わうバスセンターがある。

さらに進むと、山家《やまえ》道《みち》の交差点で、国道２００号線と交差する。この道路は、いわゆる長崎街道で、その昔、シーボルトが歩いた道で、左に曲がれば、山家宿を通り難所の冷水峠を越えて飯塚宿に至る。山家道から、筑豊本線のガードをくぐって、しばらく走ると、三輪町（現、筑前町）の町並みに至る。邪馬台国、甘木朝倉説があるが、私は邪馬台国は、ここ三輪付近にあったと妄想している。

田園風景の中、左手には宝満・三郡山から英彦山と続く山なみ、右手には屏風のような耳納連山の遠景に心が洗われる。

甘木市（現、朝倉市）の市街地を抜けると、巨峰狩りの看板が散見され、山田の交

堀川用水

差点に着く。

恵蘇宿《えそのしゅく》に着き恵蘇八幡宮のクスのご神木が見えてくると、国道386号線は筑後川と最接近する。山側には恵蘇八幡宮や斉明天皇御陵跡がある厳かな場所である。

ここをトラックで通りすぎる時、身を乗り出して、滔々たる筑後川の流れを見るのが好きだった。あれから、何度もここを通る機会があったが、ここに堰があったことには気づいていなかった。それだけ山田堰が周りの景色に溶け込んでいたということだろうか。

四代徳川家綱の時代1663年に、堀川用水が掘削され、取水のため初期の山田堰が造られた。当初は樋《とい》を渡して堀川用水に流す方式で、取水量が限られたので、1772年に、少し上流の河岸の岩盤をくり抜き、トンネル状の切貫水門にした。これにより取水量が増

切貫水門のトンネル。その内側のノミの痕跡のひとつひとつが難工事を物語っている

えた。高い位置の田畑まで水をくみ上げる目的で各所に水車群も造られた。有名な「朝倉の三連水車」はその水車群のひとつである。

新田開発により、さらに水の需要が高まったため、１７９０年に山田堰大改修の藩命が堀川用水の改修に携わっていた古賀百工に下った。百工は近在の下大庭村の庄屋で、この時72歳。今でも「ひゃっこうさん」と朝倉の人たちの尊敬を集めている。

難工事の末、現在の山田堰が完成した。これにより取水量が大幅に増え、灌漑面積は一気に3倍となった。

この堰は川の流れを斜めに堰き止めることで、堰に加わる水圧を弱め、取水口

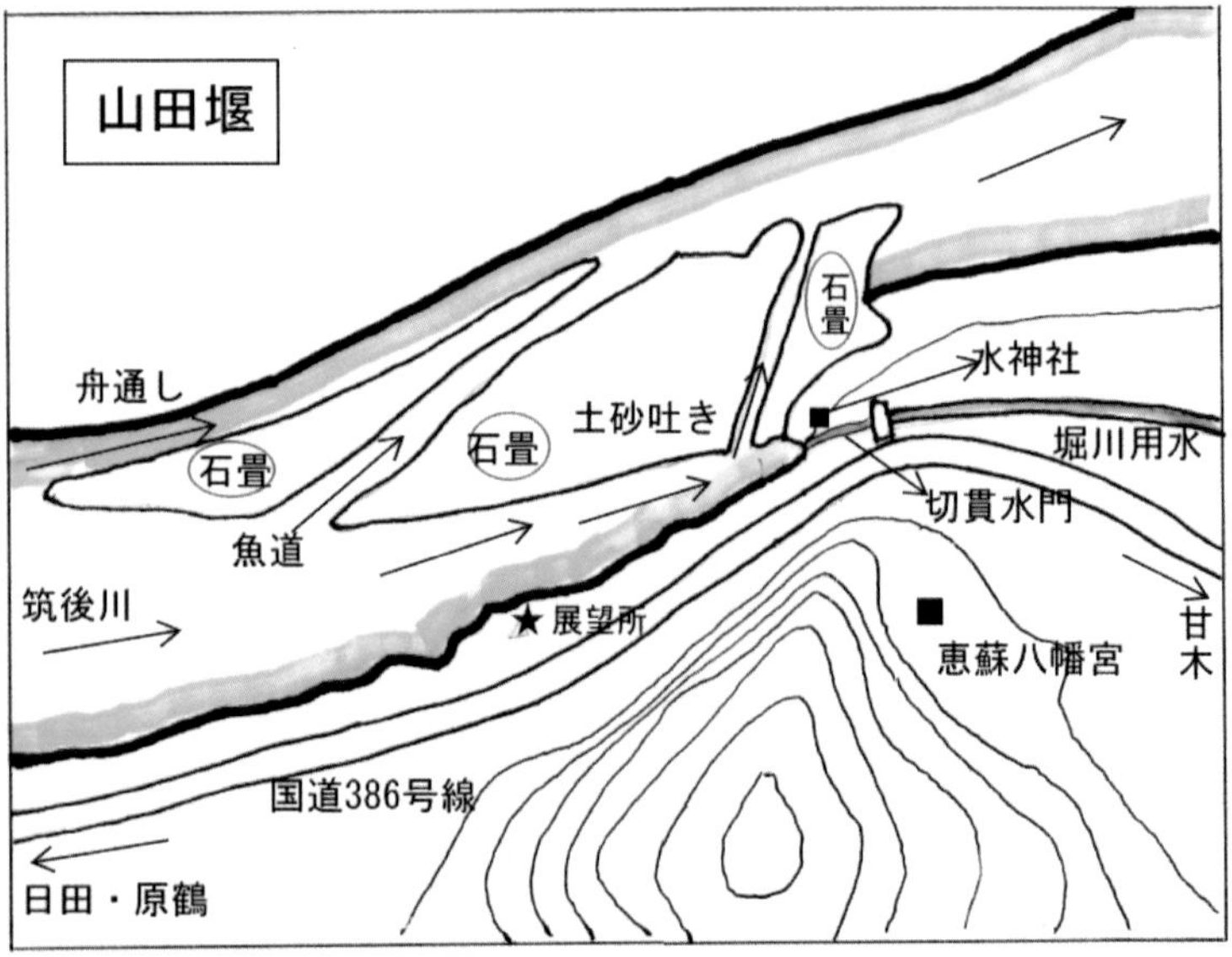

①舟通しがあるため、日田の杉を筏で大川まで運ぶことができ、大川の家具産業が発展した

②魚道があるため、鮎が遡上でき、原鶴や日田の鵜飼は衰退しなかった

③土砂吐きがあるため、有明海の干潟は減少しなかった

山田堰

に水が集まるように工夫されている。さらに絶妙の傾斜をもたせて大小の石を石畳のように広く敷き詰めて、水の勢いを減じている。

魚道も舟通しも造られ、砂利吐きも考慮され、自然を破壊せず、まさに、自然に調和した堰である。このような構造の堰は、日本広しといえども、他では見られない。

この技術や考え方は現在にも通用する。中村哲医師（福岡県出身）の尽力で、ペシャワール会によるアフガニスタン復興支援の一環として灌漑事業に山田堰方式が採用され、２００３年に着工し２０１０年に完成した。確かに、アフガニスタンでは、重機もコンクリートも乏しいから、材料（石）を手近で調達できる山田堰方式はその点でも最適といえる。これにより砂漠が灌漑され、食料自給のめどがついた。

中村医師は、インタビューで「男たちが小銃を捨て工事に携わって、それで生活できるようになったため、治安が良くなったことも大きい」と述べている。

山田堰は補強のための改修工事があったとはいえ、300年以上、昔のままの形を残している。阿蘇外輪山を源とする大山川、くじゅう連山を源とする玖珠川、この二つの支流が日田の手前で合流し、この栄養分豊かな水を有効利用できたことで、朝倉地域はその恩恵に浴し、穀倉地帯となった。

現在、670ヘクタールの田畑を潤している山田堰には海外からの視察者が多い。この山田堰は、日本に限らず世界に誇ることができる建造物であると断言できる。世界遺産に登録されても何の遜色もない。

――浄財もあったかもしれないが、有力者からの寄付というのは元をたどれば、民からまきあげた金。この金で建造された神社仏閣に歴史的価値があり、これで、民が宗教的に救済されたのなら、世界遺産に登録されたことに異論はない。しかし、民百姓目線で言えば、豪華絢爛な寺社仏閣よりは山田堰の方が、よっぽど世界遺産にふさわしい――私は思う。

江戸時代は鎖国のため海外の技術や知識が入ってこなかった。しかしながら、経験と叡智そして不撓不屈の粘りでこれだけのものを造り上げた先人の偉業を誇らしく思う。

堀川用水の水車群

「朝倉の三連水車」として有名であるが、地元では「菱野の三連水車」と呼んでいる。

平成29年の九州北部豪雨で甚大な損傷を受けたが、修理され、見事復活した。現在、農閑期のため、桶がはずされ稼働していない。耳納山地を背景に田植えが終わった水田の中に浮かぶ六月の水車の姿は美しい。

また、三島の二連水車や久重の二連水車は、三連水車のすぐ近くにあるにもかかわらず、観光客が少ないのは寂しい。

久重の二連水車

三連水車

取水口と水神社。○で囲んだ部分は、九州北部豪雨の時の最大水位を示す表示板

シメオン〜水の如く

福岡市天神の西鉄グランドホテル前の道路は、江戸時代は唐津街道と呼ばれていた。明治42年に福岡で開催された九州沖縄八県連合勧業共進会（博覧会のようなもの）に合わせてこの街道に路面電車が敷設された。その後、延伸され、東は九州大学、西は姪浜までを結ぶ「貫線」という路線になった。そのため、この路面電車が走る道路は長い間「貫線通り」と呼ばれていたが、時代の流れで路面電車が廃止になり、ついに１９８９年の福岡市の道路愛称事業で「明治通り」と変更になった。もちろん明治時代に整備されたのが名前の由来であるが、同じように平行して福岡を東西に走る「昭和通り」を意識した名称であった。

また、「昭和通り」は、長らく「50メーター道路」と呼ばれ、東西の大動脈であったが、道路の幅員が実際は50ｍもないこともあり、１９６９年に「昭和通り」と改称した。いずれにしても、50歳以上の人にとっては、「明治通り」「昭和通り」というのは、いまだになじめない名称である。

ところで、グランドホテル前の交差点であるが、昔、ここには万町《よろずまち》の電停があり、交差点も万町と呼ばれていた。また、この交差点から長浜通りの大手予備校までの道路は、浪人した親不孝者の通学路であったため、いつのまにか「親不孝通り」と呼ばれるようになった。

やがて飲食店やディスコが軒を並べ、若者が集う通りとして一世を風靡したが、浪人生の中には、学費の安い国立大学を目指して浪人した者もいるから「親不孝」は、いかがなものかという愚かな議論が起こった。さらには週末になると、ナンパ目的の正真正銘の親不孝者が県内・県外から改造車で乗り付けるようになり、はなはだしく治安が悪化してしまい、結局「親富孝通り」と名称を変更した。

「親富孝」と改称しても離れた客足は取り戻せず、若者が集まらなくなったのは、なんとも皮肉な結果であり、近来まれにみる最悪の改称であっただろう。その反省から か、現在、「親不孝通り」に戻ってはいる。

一方、グランドホテル前から南側の国体道路へ向かう道路は「天神西通り」と呼ばれ、若者は、「親富孝通り」を離れ、やや大人の雰囲気のある西通りへと流れた。磁石に吸い寄せられるかのように、改造車に乗った親不孝者は警固公園付近を屯するようになった。

西鉄グランドホテルが昭和43年に開業してからは、電停も交差点も「西鉄グランドホテル前」となり、「万町」の地名は消え、その地名を知るものも少なくなった。この交差点はクランク状で、車では通りにくいので有名だった。元は鍵形の直角だったが、おそらくは線路が敷設された時に角を取って、なだらかなカーブにしたと考えられる。

この一見無意味に見える鍵形の起源は、黒田如水にまで遡ることができる。関ヶ原の戦いの後、如水の嫡男、長政が恩賞として筑前五十二万石を拝領した。筑前入りした如水親子は、名島城では手狭であると、居城として福崎の丘陵地を選んだ。そして、黒田氏中興の地、備前福岡にちなんで福岡と命名した。如水の縄張りのもと、実質的には長政が築城の指揮に当たった。

如水は加藤清正も認める築城の名人で、華美な天守閣は造らず実用的で防御に長けた城を築いた。外様である福岡藩の仮想敵国は当然のことながら徳川幕府で、必然的に東側の守りが重要となる。

東側の防御としては、石堂川（御笠川）を一次防衛線とし、いざという時は砦として使う目的で石堂川西側に多くの寺を配置した。二次防衛線は天然の外堀とした那珂川である。弁天橋という橋を架けたが、石堂川を突破されたら、すぐに焼き落とせるように板の橋にした。さらには那珂川上流を徒渉してくる敵に備え、那珂川と内堀を繋いで肥前堀・紺屋町堀と呼ばれる中堀を配したのは見事な縄張りである。

さらに中堀沿いに走る唐津街道は、それと平行に走る道路も含めて一直線にせず、防衛上有利になるように鍵形にした。そのなごりがグランドホテル前の交差点である。

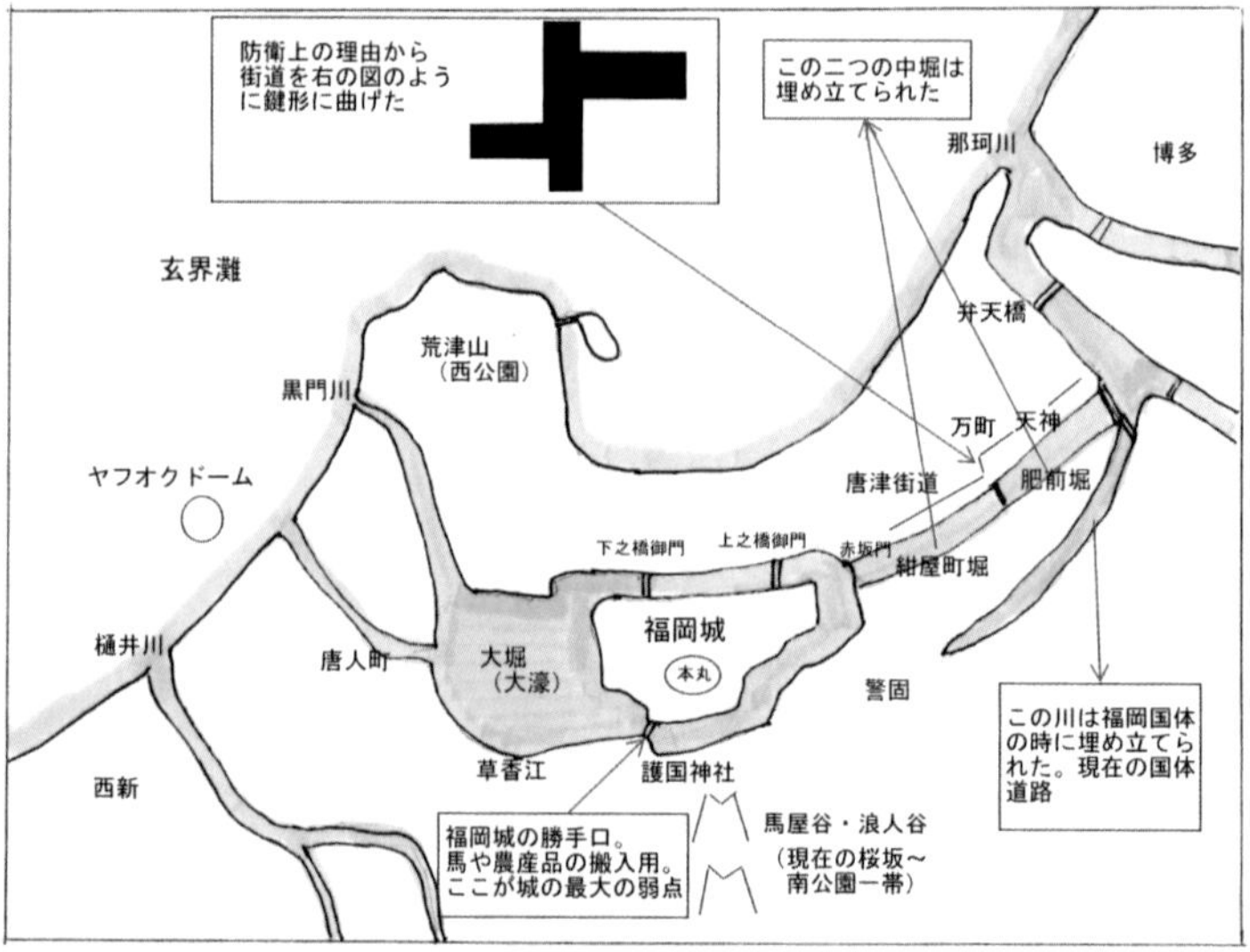

ちなみに、中堀は、前述の勧業共進会の開催用地確保のため埋め立てられ、特に肥前堀跡地には、その後、県庁や市役所が誘致され、今日の天神の発展の基礎となった。

城の東側以外に目をやれば、北側は玄界灘、西側は樋井川と大壕と、備えは、ほぼ万全であるが、南側からの攻撃には弱かったと思われる。そのため、現在、動物園がある山々（馬屋谷・浪人谷）に下級藩士を住まわせ、防御の要とした。

つまり、南側から攻めて来た敵に対しては、地の利を活かした戦法で敵を翻弄するという作戦であっただろう。この南から侵攻して来る敵とは、薩摩藩を想定していたふしがある。

江戸時代には薩摩藩が謀反を起こして北上してくることはなかったが、維新後、明治10年の西南戦争で、挙兵した西郷軍が攻め上って来た。もし、西郷軍が熊本城を抜き、福岡になだれ込んで来たならば、福岡城の縄張りが威力を発揮しただろう。桜坂から小笹、高宮に至る丘陵地でゲリラ戦を仕掛け、撃退したに違いない。なぜなら、加藤清正が「熊本城を3、4日で落とすような大軍でも、福岡城なら40日はもちこたえるだろう」と賞賛した城であるからである。

如水は城の完成を見ることなく1604年に死去したが、遺訓として「人に媚びず、富貴を望まず」という言葉を残した。水のように清らかに生きよという意味だろうか。「水のように」ということでは「水は方円の器にしたがう」という言葉通り、戦国の三英傑（信長・秀吉・家康）に従容として仕え、確実に己の役目を果たした。とは言うものの、信長にはあやうく嫡男を殺されそうになり、秀吉にはいいようにこき使われ、家康には美味しい所を全部持っていかれと、覇者になるための天運というか巡り合わせが悪かった。

作家、海音寺潮五郎は、如水をして、人間的な器量は三英傑より勝っていたと褒めているが、立身出世のため他人に媚びることをしなかった清廉な性格が、ナンバー2で終わらせた理由と言えるかもしれない。

如水についてのエピソードで、如水の人間性を彷彿とさせるものが三つほどある。

一、隠居後は苦楽を共にした家臣に冷たく当たった。これは跡継ぎの長政のためであったと言われている。これからの黒田家を支える家臣がいつまでも如水を慕っていては長政がやりにくいだろうという配慮であった。したがって殉死も禁じた。

二、不要になった身の回りの品を家臣に下げ渡すのではなく、売り渡していた。これは、褒美として与えると、もらえなかった家臣が恨みに思うからで、家臣の間に不公平感が生じないようにするためであった。如水は決してケチとか吝嗇《りんしょく》ではなく、徹底した倹約家であった。しかし、ここぞという時には惜しげもなく金を使った。本当に金の使い方を知っている人物だった。

また、福岡城に天守閣が存在したかどうかは、意見が分かれているが、如水の性格からして天守閣は建造しなかったと思われる。なぜなら、天守閣など単なる殿様の権威の象徴で、領民に対する虚仮威《こけおど》し的なものに金を使うのは全くの無駄と考えていたはずであるからである。

三、当時では珍しく側室を置かず、生涯、妻一人だけを大切にした。また、キリシタン大名で、洗礼名はシメオン。秀吉のバテレン追放令が出たあとも棄教することなく、葬儀もキリスト教で行った。私生活においても、通すべき筋はきちんと通し、一本気なところがあった。

如水の辞世の句は、

おもひおく
言の葉なくて　つひにゆく
みちはまよわじ　なるにまかせて

泉下の如水のつぶやきが聞こえる。

――秀吉のため命がけで働いたんじゃが、いらぬ誤解を受けて、ほとんど水の泡となってしまったわい。本能寺の変の時じゃった。意気消沈したアヤツに「運がめぐってきましたな」と励ましたのが、まずかったんじゃろな。アヤツは、中国大返しから天王山、賤ヶ岳と勝ち続け、この時が最高に輝いとった。ワシもこの頃が一番やりがいがあったわい。まあ、中国大返しはうまくいったんじゃが、以来、アヤツはワシを疑うようになったわ。それで、早々と隠居したわけじゃが、思えば、関ヶ原の時も惜しかったのう。三成のヤツがもう少しふんばっとれば、島津を滅ぼして九州を統一しとったのにのう。今さら愚痴を言ってもしようがないか……。村重が謀反を起こした時、有岡城で殺されんやっただけ運が良かったかも知れん。小田原城に一人乗り込んだ時もよう生きて帰れたと思うわい。まあ、いろいろあったが、黒田の家は安泰のようやし、長政も藩主らしくなったし……。59年の人生、これでよかったんじゃろうなぁ――

水のように清らかに生き、
方円の器に従って懸命に働き、
最後は水の泡。まさに「如水」。

和を以て貴しと為す

約10万年前、現在の人類の直接の祖先であるホモサピエンスがアフリカを出た。俗に言う「グレート・ジャーニー」である。新天地を求め、生まれ故郷を離れたわけで、地図などあるはずもなく、「出たとこ勝負」の生存をかけた悲壮な旅立ちだったろう。

アラビア半島には7万年前に到達し、現在でも東西の回廊となっているシリアやトルコあたりで東西二派に分かれた。西に向かったものは地中海・ヨーロッパに広がり、西欧人の祖先となった。東を目指した人類はさらに二手に分かれ、ひとつはインドからインドネシアさらに海を渡ってオーストラリアへと進出した。もう一方は極寒のシベリアに進み、その一部は凍結したベーリング海峡を徒渉してアメリカ大陸へと広がった。北アメリカ大陸では、ネイティブ・アメリカン（インディアン）の祖先となり、さらに南下して子孫は、マヤ（メキシコ）・インカ（アンデス）の文明を築いた。南アメリカ大陸の南端ホーン岬には1万2000年前頃には、到達したと考えられている。

各地に拡散した人類は、定着した地の気候風土に順応した体つきになった。太陽光

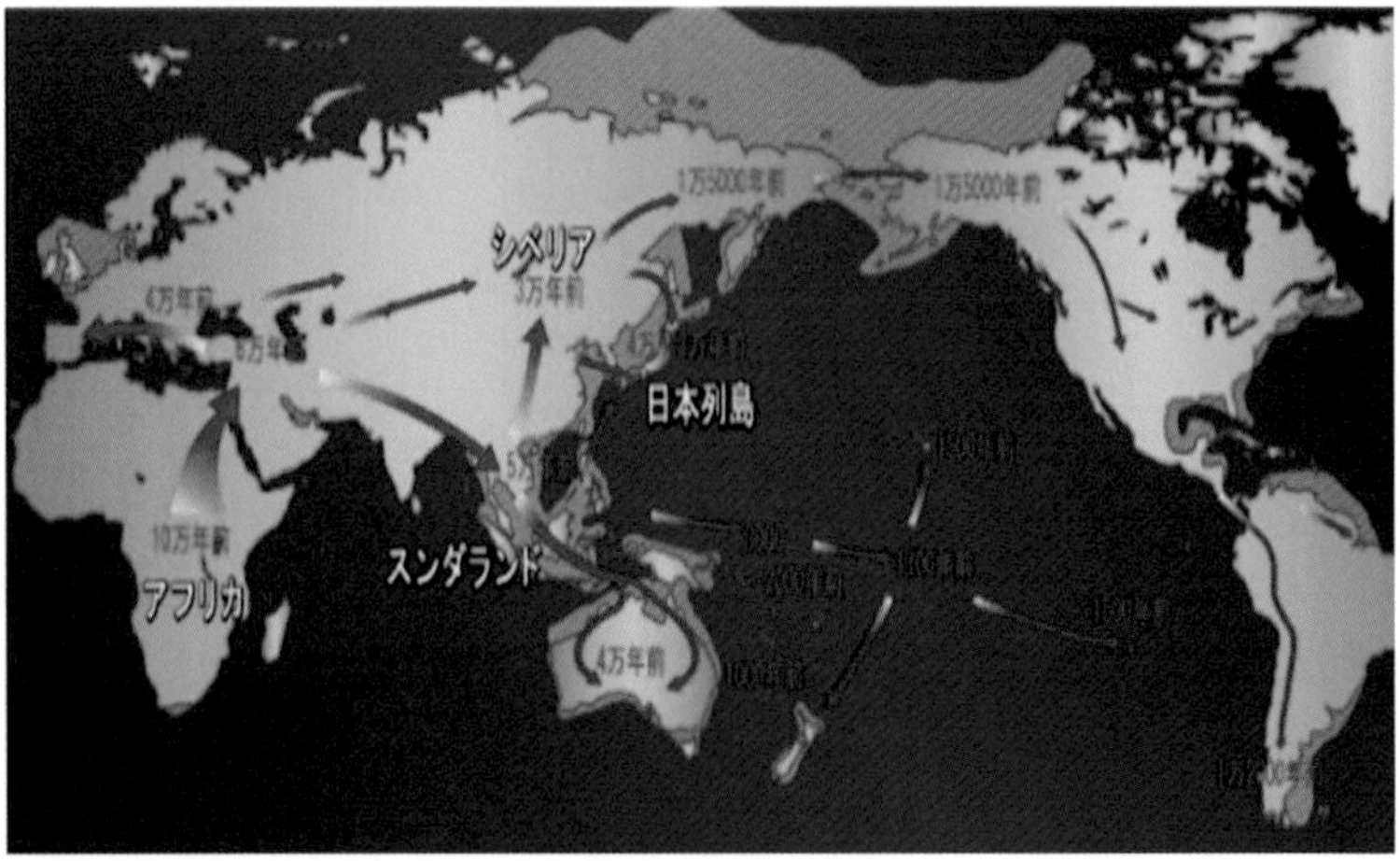

Wikipedia より

線の強さに合わせて肌の色や瞳の色が変化し、また、寒さに順応して鼻が低くなったり毛深くなったりと……。また、拡散の途中、命にかかわらない程度の小さな突然変異を起こした人種もいた。例えば、湿った耳垢が、乾燥した耳垢になったり、アセトアルデヒト脱水素酵素の遺伝子配列が変化して下戸遺伝子になったりと微妙に変化した。

3〜4万年前の氷河期の頃の日本は、大陸と陸続きで、各方向からの人種が進出してきたというのが定説になっている。北からは、シベリアのバイカル湖付近からマンモスを追いかけて、樺太経由で渡って来た人種。南からは、黒潮に乗って小舟で渡ってきた南方系の人種で、フィリピンや中国南部の長江下流域からやってきた。さらにはモンゴル・満州あたりから朝鮮半島を経由して川のように狭い対馬海峡を渡ってきた大陸系の人種もいた。

2万年前の最終氷河期のピークを過ぎると、1万5000年前から氷河が解け始め、海面は大きく上昇して日本列島は大陸と切り離された。

これにより日本へ流入する人類が減少し、これまで渡来してきた三方寄せ集めの人種の混血で、縄文人が形作られることとなった。日本史における縄文時代の始まりは、諸説あるが、大陸から分離して現在の列島の形になった1万3000年前という説が有力である。

海面上昇は、列島の独自性を守るだけでなく、大きな気候変動をもたらした。狭い海峡だった対馬海峡が現在の広さとなり、これにより黒潮が分流して、対馬海流が誕生したのである。水蒸気を多く含んだ暖流が、日本海に流れ込み、大量の雪と雨を列島にもたらした。日本列島は周囲を暖流に囲まれているという世界でも例のない島となり、温暖で湿潤な気候は、列島に広大な広葉樹や照葉樹の森を形成した。

森の恵みにより、男は狩猟、女は採集を糧として、縄文の時代が9000年近く穏やかに続いた。縄文も後期になると稲作の技術を持った大陸人が少しずつ渡来してきて、陸稲ではあったが、稲作も徐々に広まり、定住生活も始まった。

火山噴火や地震・津波などの自然災害に襲われたこともあったが、平和に暮らしていた縄文世界に、２３００年前、自然災害以上の出来事が起こった。

隣の中国は春秋戦国時代で、長引く戦乱に嫌気がさした住民が大量にしかも次々と日本に避難してきたのである。その中には、新天地を求めて一旗あげようという野心に満ちた者もいたことだろう。したがって、難民が避難してきたというよりは、元寇レベルで侵入して来たと言うべきかも知れない。

人骨の発掘調査によってこの時期の前後では頭蓋骨の骨格は別人種と言えるくらい急激に変化していることが分かった。これは単に混血による変化ではあり得ないほどの急激な変化である。つまり、渡来人が縄文人を戦闘によって駆逐したということだろう。その証拠として鏃《やじり》が刺さったままの縄文人の人骨が多数発掘されている。生存をかけた凄惨な戦いがあったものと思われる。

縄文世界は狩猟採集経済とはいえ、町内会レベルの社会は形成していただろう。しかし、水田稲作には共同作業が不可欠であるため、渡来人は市町村レベル以上の高度な社会を形成していたに違いない。稲作を通じて仲間意識が生まれ、団体行動を行い、統制された社会を形成していただろう。稲は優秀な穀物で、食糧が安定供給され、備蓄も可能で、当然の如く人口の増え方は、縄文人の比ではなかった。

また、侵入者は、難民とは言うものの戦乱の地から避難してきた民族で、戦闘経験も豊富で、言うなれば戦闘慣れしていた。過去には、土地の境界や水利権をめぐって争いを起こしたり、飢饉の時には、隣の集落の備蓄倉庫を襲撃するようなこともしてきただろう。このような、渡来人に大勢力で攻め込まれたら、縄文人はひとたまりもない。

渡来軍団は北部九州を席巻し、水田耕作に適する平野部に強大なクニを造り上げた。福岡平野に奴国、糸島平野に伊都国、筑後平野（甘木朝倉）に邪馬台国、佐賀平野に吉野ヶ里……。そして満を持して東征を開始した。近畿地方を制圧するにあたり、独自に渡来人の文化を取り入れて強大だった出雲族を屈服させ、（出雲の国譲り）大阪平野から奈良盆地、さらには濃尾平野まで制圧した。

しかしながら、ここで快進撃が止まる。愛知・岐阜以東には、日本アルプスなどの峻険な山々が広がっており、山の中の戦闘では渡来人といえども縄文人に敵うものではないからだ。また水を確保できない山野は奪い取っても水田には不向きで、名古屋を境にして200年ほど睨み合いが続いた。追われた縄文人は多くは東北地方の縄文集団と合流し蝦夷となり、一部は北海道に流れてアイヌ族となり、沖縄に渡ったものは琉球人となり、南九州に逃れた者は隼人や熊襲となって渡来人に抵抗した。

やがて、睨み合う200年の間に、近畿地方の渡来集団の中にいくつかの強大なクニが生まれた。そのクニの中で、神事を取り仕切る象徴的存在となったのが、御間城《みまき》入彦《いりびこ》五十《いに》瓊《え》殖《の》天皇《すめらみこと》、つまり崇神天皇が率いる邪馬台国であると考えられている。崇

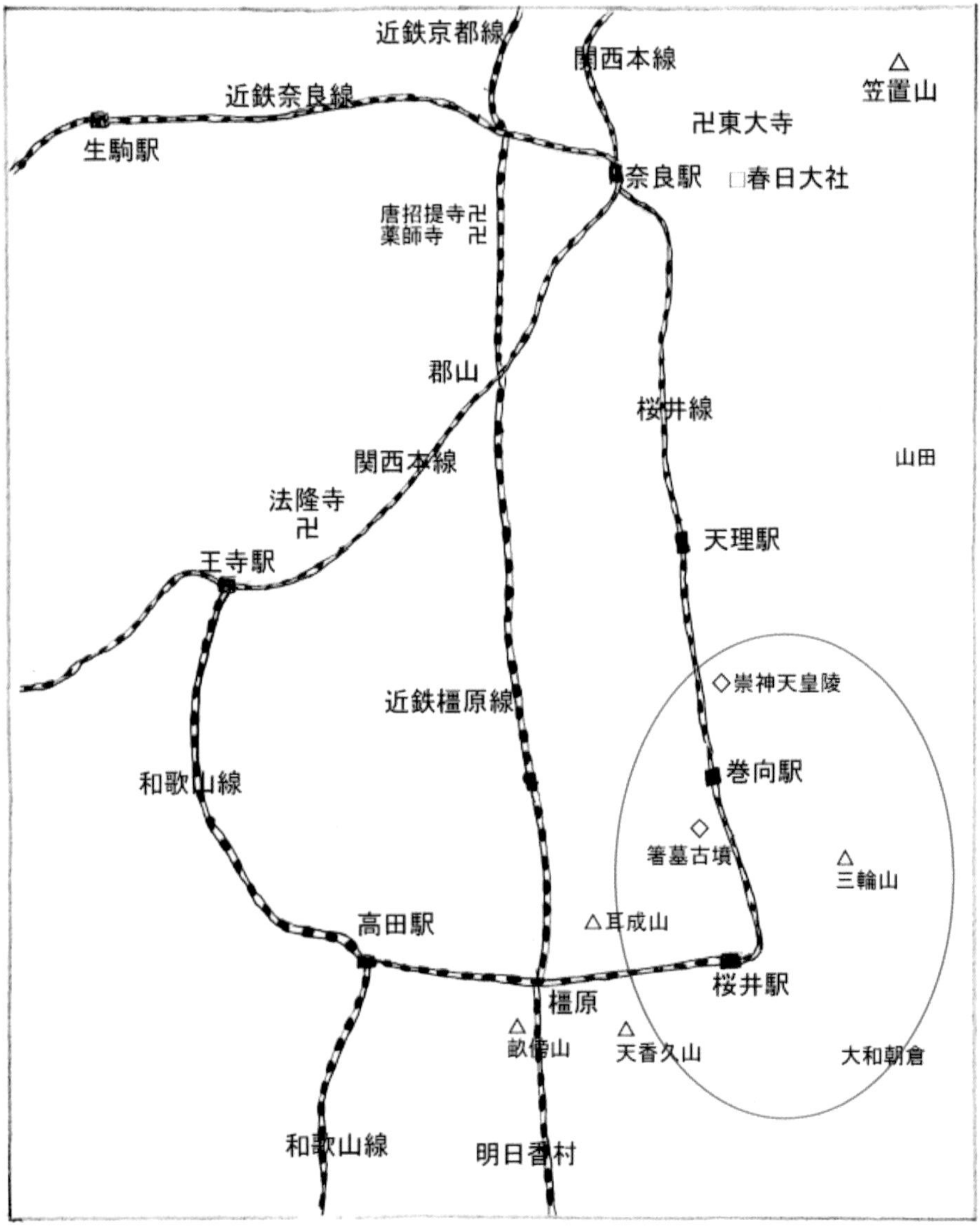
近鉄京都線
関西本線
笠置山
近鉄奈良線
卍東大寺
生駒駅
奈良駅
春日大社
唐招提寺卍
薬師寺 卍
郡山
桜井線
関西本線
山田
法隆寺
卍
天理駅
王寺駅
崇神天皇陵
近鉄橿原線
巻向駅
和歌山線
箸墓古墳
三輪山
耳成山
高田駅
桜井駅
橿原
畝傍山
天香久山
大和朝倉
和歌山線
明日香村

纒向遺跡群近くには、三輪・朝倉・春日・笠置山・山田…と甘木朝倉地域と同じ地名がしかもほぼ同じ位置にある。これが邪馬台国～甘木朝倉説の根拠になっている。現地奈良に行くと、実際に三輪山の麓には大和川が流れ、地形・風土が甘木朝倉と似ていることが実感できる。
邪馬台国の分家が東征軍に加わり、華々しい功績を挙げ、近畿弥生軍団の盟主的存在となり、落ち目になった本家を呼び寄せたというのが邪馬台国～本家分家説である。そして故郷を懐かしむ意味で、同じ地名を付けたのではないかとされている。（北海道の伊達市が旧伊達家臣団の集団移住によって開拓された地域であるのと同じように）
邪馬台国の位置を特定する材料は「魏志倭人伝」に拠るところが大きく、旅程の曖昧な記載が論争を招いているのは周知のことである。邪馬台国が本家と分家と両方あったので、魏の使者が邪馬台国への旅程を記録する際に混乱したのではないかという考え方もある。

神天皇は卑弥呼の弟あるいは甥という説もあり、北九州の邪馬台国の分家であったとする歴史家もいる。そして近畿地方で有力なクニをまとめ上げ、本家でもある北九州の邪馬台国を奈良に呼び寄せたのではないかと考えられている。

崇神天皇は、奈良盆地の三輪山の麓（纒向《まきむく》遺跡付近）を根拠地とし、ヤマト王権を誕生させた。ちなみに纒向遺跡群の中の箸墓古墳は、宮内庁によって第七代孝霊天皇の皇女の墓と比定されているが、地元では卑弥呼の墓と伝えられ、邪馬台国近畿説の根拠になっている。最新の年代測定の結果、3世紀中頃の墓という結果が出ているので、卑弥呼の没年248年から考えて卑弥呼の墓である可能性は高い。宮内庁から発掘調査の許可が下りれば分かることであるが、もし「親魏倭王」印が出土したら、卑弥呼の墓で決まりである。

北九州の邪馬台国本家が奈良の分家に吸収合併されてからは、クニの表記は、「倭」から、大いなる倭「大倭」の二文字とし、邪馬台国のYAMATAIから「大倭」をYAMATO（ヤマト）と呼ぶようにした。やがて奈良時代中期に「倭」を同音好字の「和」に置き換えて「大和《やまと》」とし、以後、大和朝廷となる。

日本神話ではニニギノミコトが日向高千穂の峰に降臨して、その曾孫である神武天皇が東征して、近畿地方を平定したことになっているが、天孫降臨などとは非現実的で、神武天皇も存在が疑われている。第十代の崇神天皇には実在した根拠があり、神武天皇と崇神天皇は同一人物という見解も多い。つまり二代から九代の天皇は架空である（欠史八代）。

後に、天武天皇が古事記・日本書紀の編纂を命じた際、朝廷の正統性を示すため、日本を造った神様（イザナギ・イザナミ）の子孫が神武天皇である（天孫降臨）とした。まさか正直に満州・モンゴルから戦乱を避けて逃げてきた難民の末裔とは記せない。古今東西、歴史書というものは常に勝者側の立場に都合よく編纂される。

弥生側に崇神天皇のように神がかり的に優秀な指導者が登場すると、縄文人との融和が図られ、混血も進んだが、依然として、縄文系は東日本、弥生系は西日本という具合に住み分けは残った。2000年以上も経った現在でもなお、東日本は縄文のDNAが優勢で、西は弥生のDNAが優勢であるということが、最新のDNAの研究で明らかになった。風習や味付けで何かと西と東が違うことが科学的に証明されたわけだが、明治以降の鉄道開通以来、昭和の後半での交通機関の飛躍的発達にもかかわらず、今なお東西差があることは驚きである。

DNAを調べなくても簡単に縄文系か弥生系か見分ける方法がある。それは上の前歯の真ん中の二本（上顎中切歯）の形と咬み具合を見れば判断できる。つまり前歯が小ぶりで、木の実をかじるように、上下の前歯でかじるような噛み合わせは縄文系。

一方、ご飯をかき込みやすいように、前歯が大きくてスコップのような形は弥生系である。これは普段食べているものからそういう形になったわけで、基本的に縄文系の方が歯は丈夫で強い。
縄文系の身体的特徴は、
　前歯が小ぶりでがっしりした顎
　彫りが深く、ふたえ瞼
　毛深くて、くせ毛があり、耳垢は湿っている。
反対に弥生系は、馬面で顎がほっそりして、ひとえ瞼で、のっぺりした顔立ちである。このような縄文弥生の差を念頭において、家康と秀吉という戦国の二英傑の風貌を比較観察すると面白い。徳川家康の肖像画を見ると、顎ががっしりして、いかにも歯が頑丈そうに見える。当時としては異例の73歳まで長生きしたのは、健康管理に気を配っていたのもあるが、丈夫な歯のおかげもあっただろう。家康は苛立つと前歯で爪をかみ切っては「ペッ、ペッ」と吐き出すのが癖で、平成12年のＮＨＫの大河ドラマ「徳川葵三代」では津川雅彦が家康役をそれも含めて好演した。生まれは愛知県岡崎であるが、縄文系の血が濃かったと思われる。
一方、秀吉はというと、顎がほっそりして、生まれは尾張名古屋であるが、弥生系の顔立ちである。40代からすでに歯周病に罹っていたと想像できる顔立ちで、食が細く、そのせいで、老人性の結核を患い、62歳で現世に大いなる未練を残したまま死ん

豊臣秀吉

徳川家康

だ。後継者の秀頼はわずか5歳。天下分け目の関ヶ原の合戦は秀吉の死後わずか2年後で、東軍をまとめた縄文系家康が勝利を収めた。

関ヶ原のような大きな内戦は他の時期にも起こり、日本の戦いの歴史を縄文弥生の観点でみると興味深いものがある。

まず、平安時代後期の源平合戦。東国武士団を結集した縄文系の頼朝の勝ち。弥生系の平家の負け。続く室町時代は、西国で勢力を蓄えた足利尊氏が、縄文系の鎌倉幕府を攻め滅ぼして弥生系の勝ち。

戦国時代になると、織田信長・豊臣秀吉・徳川家康の三英傑がそろって、東と西の境界の名古屋近辺の出身であることが面白い。関ヶ原では東軍家康が石田三成・毛利輝元の弥生系の西軍を圧倒して縄文系の勝ち。それから267年後の明治維新では、弥生系のシンボルである天皇を担ぎ出した薩長軍が、徳川家を滅ぼして弥生系の勝ち。

このように、日本の歴史を振り返ると、2300年前の縄文弥生の争いを手始めに、兄VS弟、源氏VS平氏、東軍VS西軍、幕府VS朝廷などと大きな内戦があったが、敵を全滅にまで追い込まず、相手を認め尊重し、おりあいをつけ、融和してきたという歴史がある。内戦が泥沼化せず、外国勢の干渉を受けず、欧米列強につけいる隙を与えなかったことが、日本が他国の植民地にならなかった一因であったことは間違いない。これは、聖徳太子の十七条の憲法「和を以て貴しと為す」が、1400年もの間、日本人の基本理念として生き続け、日本が「偉大なる和」の国であり続けたからと断言できる。

「和」は、訓読みすると和《なご》む、和《やわ》らぐ、和《あ》えるであり、成分の異なるものがうまくまとまった状態を表わしている。つまり、敵対する者同士といえども、互いに相手の立場を理解し尊重し、そして協力し合う関係になることである。

熟語としては、平和、融和、共和、協和、親和……と、使われている。さらに、調和、温和、緩和、中和、柔和……と、まろやかにまとまった意味を持つ。「和」は、「輪」に通じ、丸く繋がったイメージがあり、縁起の良い好字と言える。

日本列島には中央に背骨というべき峰々が、神の如く鎮座し、日本の気候風土を決

箸墓古墳から大和三山の方向を望む。耳成山（右）畝傍山（左）は、望めるが、天香久山は古墳の木立に隠れて見えない。古墳周囲の道路には「邪馬台国・卑弥呼」の幟が立てられ、地元では卑弥呼の　墓と信じられている。

定している存在となっている。この峰々のように、日本人の心の中にも、和を大切にする心が、国民性のバックボーンとして鎮座しているのだろう。

ライバル関係（地域対立）

廃藩置県は1871年（明治4年）に断行されたが、実質的にはこの廃藩置県をもって明治維新が遂行されたと解釈する歴史家も存在する。

庶民の目から見れば、王政復古から版籍奉還と政治が変化しても、依然として殿様が知藩事として城の中でふんぞり返っていて、年貢も相変わらずだったので日々の生活に変わりはなかった。

しかし、廃藩置県によって、殿様だった知藩事がその職を失い、東京に呼び集められ、代わりに華族の身分を与えられた。新しく誕生した県には県令（現在の県知事）が中央政府から派遣されてきたわけで、これで260年以上に及ぶ徳川幕藩体制が完全に消滅したと言えるだろう。

幕藩体制の巧妙なところは外様大名と譜代大名の絶妙な配置にあり、譜代大名に外様大名を監視させたことにある。そして監視する方とされる方の関係が両者の間に軋轢を生じさせたことは間違いないだろう。日本各地にはこのような幕藩時代の確執をひきずって仲が悪い地域がそこかしこにある。

広島県

譜代・外様対立の典型例として、広島藩（広島市）と福山藩（福山市）が挙げられる。もとは大藩の外様（浅野家）とそれを監視する譜代大名だから仲が良いはずがない。広島市では福山地方の人間を「備後もん」と警戒しつつも半分蔑んで呼んでいる。当時の藩境は尾道を二分する形で走っていて、対立の矢面に立たされた尾道の住民はつらいものがあっただろう。

長野県

地域対立で一番有名なところでは長野県が挙げられる。長野市（松代藩）と松本市（松本藩）が、分県騒動が起きるほど対立していた。「信濃はひとつ」という住民の声で分県の動きは収束したが、仲直りをしたわけではないので、両市の確執は依然として残っていた。

特に松本市では県名が長野であること自体が許し難く、長野県松本市ではなく信州松本市と名乗るそうである。

また、長野県にある旧国立大学は、長野という名称を使わず信州大学という大学名であり、キャンパスを松本市に統合することができずに今に至っている。学生同士は仲が良いのは救いである。

青森県

遠く青森県には豊臣秀吉期のお家騒動のいざこざが影を落とした地域がある。弘前市（津軽藩）と八戸市（南部藩）である。もともと津軽氏は南部氏の家来筋であったのだが、権謀術策に長けた津軽為信が南部本家の後継者問題の紛糾に乗じて謀反を起こし独立を図った。豊臣秀吉の小田原征伐の時、南部氏より早く秀吉に拝謁し、津軽領安堵の朱印状を手に入れたのである。南部氏は激しく抗議をしたが後の祭りであった。

廃藩置県で津軽領と南部藩領北部がいっしょになったが、当然、県庁所在地をどちらにするかで一悶着あった。結局、間を取って青森町に決まり県名も青森県となった。今でも青森県内には旧津軽領と旧南部領の境界が厳然と存在し、青森県にある旧国立大学は県名でなく弘前大学という名称であるのは旧弘前藩の意地であろうか。

福島県

福島県の会津若松市には戊辰戦争の怨恨が今でも残っている。当然、長州藩（山口県）と薩摩藩（鹿児島県）が恨む相手だが、同じ福島県内にも、わだかまりを持つ地域がある。会津戦争の時に会津藩を裏切ったとされる三春藩（三春町）である。会津地方では「三春から嫁をもらうな」と言い伝えられるぐらいであったが、最近ではその確執はかなり薄らいでいると聞いている。

群馬県

対立まではしていないが、今でもすさまじいライバル関係にある都市が群馬県にある。前橋市（前橋藩）と高崎市（高崎藩）である。前橋は県庁所在地としてのプライドがあり、高崎は交通の要衝という自負があり、両都市の距離が近いせいもあって何かと張り合っている。

例えば、前橋商業高校と高崎商業高校は、検定簿記の合格率でさえ勝ち負けで一喜一憂するくらいだから、この両高が甲子園の県大会決勝に進出するとなると、その応援は信じられないものとなるだろう。

埼玉県

埼玉県でも群馬県と似たような対立関係の都市があった。県庁所在地の浦和市と交通の要衝の大宮市である。しかしこの両市は周辺都市も加えて2001年に合併した。合併市名をどうするかで相当の軋轢があり、最悪とも言えるひらがな市名（さいたま市）が選択された。見かけ上は浦和と大宮の対抗関係が解消したように見えるが、今度は浦和区と大宮区で何かにつけ引っ張り合いが行われているのは想像に難くない。

富山県

人情穏やかな富山県でも地域対立が見られる。富山市（加賀藩支藩）と高岡市（加賀藩）が同じ藩とは思えないくらい仲が悪い。富山藩は加賀藩の支藩として立藩し、一方、高岡は本家藩主の隠居地となった町で、富山藩内に飛び地で存在していた。高岡は本藩金沢の京風文化を何かと自慢し、本家風を吹かしていたため、控えめな富山人と言えども腹に据えかねるものがあったのだろう。これは現在でも尾をひいていて、今でも石川県（特に金沢市）は、富山県を分家筋と一段低く見ているふしがある。また、高岡市民は買い物に行くにしても、富山市ではなく距離的に倍以上遠い金沢へ足を向けているのが現実である。

福井県

福井県は越前（福井藩・親藩）と若狭（小浜藩）が合併して成立した。二つの国の間は峻険な峰々によって隔てられ、嶺北地方・嶺南地方として区別され、気候・風土がまるで違う土地柄である。

また若狭は都に近いせいもあり、奈良時代から仏教文化の経由地で、小浜市は「海の奈良」と呼ばれているくらいである。江戸時代は日本海の魚を京大阪に運び、現在は原発によって電力を供給しているわけで、近畿地方とは縁が深い地域である。

若狭に住む人にとっては、「なんで福井県やねん。京都府がええなぁ。近畿地方になるし」という思いが今でも強いと耳にしている。もし、道州制が実施されたら、福井県は二つに分けられ、若狭は強引にでも「近畿州」に仲間入りするのは目に見えている。

島根県

島根県の場合は律令制時代あるいは神話の時代まで遡るから非常に根が深い。もともと出雲と石見は風土が異なり、言葉にいたってはまるで異民族のように違っていた。廃藩置県の時、松江県（松江藩）と浜田県（浜田藩）では県としての規模が小さすぎるので合県して島根県となった。

戦国時代に遡れば、石見銀山をめぐって安芸（広島）の毛利元就と出雲の尼子経久の間で熾烈な争奪戦が繰り広げられ、結局、毛利氏が銀山を支配したという経緯がある。今でも石見地方の人は、買い物にせよ就職にせよ、出雲の松江ではなく広島の方角を向いている。

また、最近では出雲だけに空港ができたのは、不公平だと、不採算を承知で山口県と組んで萩・石見空港（益田市）を誘致するなど、お互いに牽制し合っている。将来、出雲と石見が、いがみ合うことがなくなることはあっても仲良しになることはまずありえないだろう。

長崎県

長崎県では長崎市（天領）と佐世保市（松浦藩）が良い意味のライバル関係にある。佐世保は江戸時代までは鄙びた漁村であったが、明治になって海軍の鎮守府が置かれ、軍港として大いに発展した。一方、長崎市は江戸時代唯一の開港地でもあり、明治維新後、商港としてまた造船業でも繁栄した。ともに港を基盤とする港町なので、長崎県を県北・県南と二分して長い間、対抗意識が強かった。

ただ、佐世保市は観光面では長崎市に敵わなかったが、佐世保市にハウステンボスが誕生してからは長崎市と五分に張り合えるようになった。今では、両市は協力し合い、長崎市内観光とハウステンボスとをセットで観光客を誘致する作戦に出て、両市を結ぶ「シーサイドライナー」という快速電車を運行させ協力関係を深めている。

佐賀県

隣の佐賀県では、佐賀市（佐賀藩）と唐津市（唐津藩）が非常に不仲である。葉隠れ……「武士道と云うは死ぬ事と見つけたり」の佐賀と開けっぴろげな港町唐津では無理からぬことである。また唐津藩は領主の交代が多かったが、ほとんど譜代大名が入部し佐賀藩の監視役であった。

唐津市は福岡市営地下鉄の乗り入れにより交通アクセスの面からも福岡市にすり寄ってきて、「福岡県唐津市」と揶揄されている。誇り高き県都佐賀市はメンツもあり、それすらも許せないようだ。

福岡県

地元、福岡県でも例にもれない。福岡市と北九州市が強情なライバル関係にある。歴史を遡れば譜代の小倉藩と外様の福岡藩に由来する。さらに、もともと福岡藩領だった若松・戸畑・八幡（西半分）が小倉藩領と合併して北九州市となったこともあり、同じ北九州市の中でもライバル意識が残っているから始末に負えない。

余談だが、同じ福岡市でも那珂川を挟んで博多部と福岡部で対抗意識が強い。明治になって、市名を「福岡市」とするか、「博多市」とするかで大いに紛糾した。議会での採決に至るまで揉めたが、両者同数票で結局、議長の一票で「福岡市」となったという話は有名である。ただ、博多側も駅名を「博多駅」として一矢報いた形となった。

地域対立は260年以上の長い幕藩体制の間に熟成されたものが多いが、中には出雲国と石見国のように律令制度以前から反りが合わない地域もあれば、明治維新以後の鉄道や産業の発展によって生じたライバル関係もあり複雑である。

同じ県民同士なのだから、過去の経緯は水に流して、こだわりやメンツを捨てることは不可能なことではないはずだ。これからは、悪口を言っていがみ合うことを控え、その姿勢を子どもへの手本として示すべきだろう。

かもめはかもめ

バブル期の福岡で、「かもめ族」と呼ばれる女性たちが天神を闊歩していた。週末、特急かもめに乗って、福岡に遊びや買い物に来て、1～2泊して日曜日に「かもめ」で帰る長崎の年頃の女性たちを指す言葉だった。当然、それらの女性目当てに改造車で天神周辺に屯する親不孝者もいた。

9月23日に西九州新幹線が一部開通したが、私は、開通前に本来の「かもめ」に乗ることにした。「かもめ」は博多～長崎を2時間で結ぶ特急列車である。同じ長崎県には佐世保線の「みどり」「ハウステンボス号」という特急列車もある。

厳密に言えば「かもめ」の名称はなくならない。新幹線と繋ぐ「リレーかもめ」としてまた、新幹線の「かもめ」としてその名を残す。つまり、「かもめは死なず。かもめはかもめ」。

「リレーかもめ」とは九州新幹線一部開通時の「リレーつばめ」と同じような役割を果たす予定の特急列車である。

つまり西九州新幹線は武雄温泉駅～長崎駅間は完成しているが、新鳥栖～武雄温泉

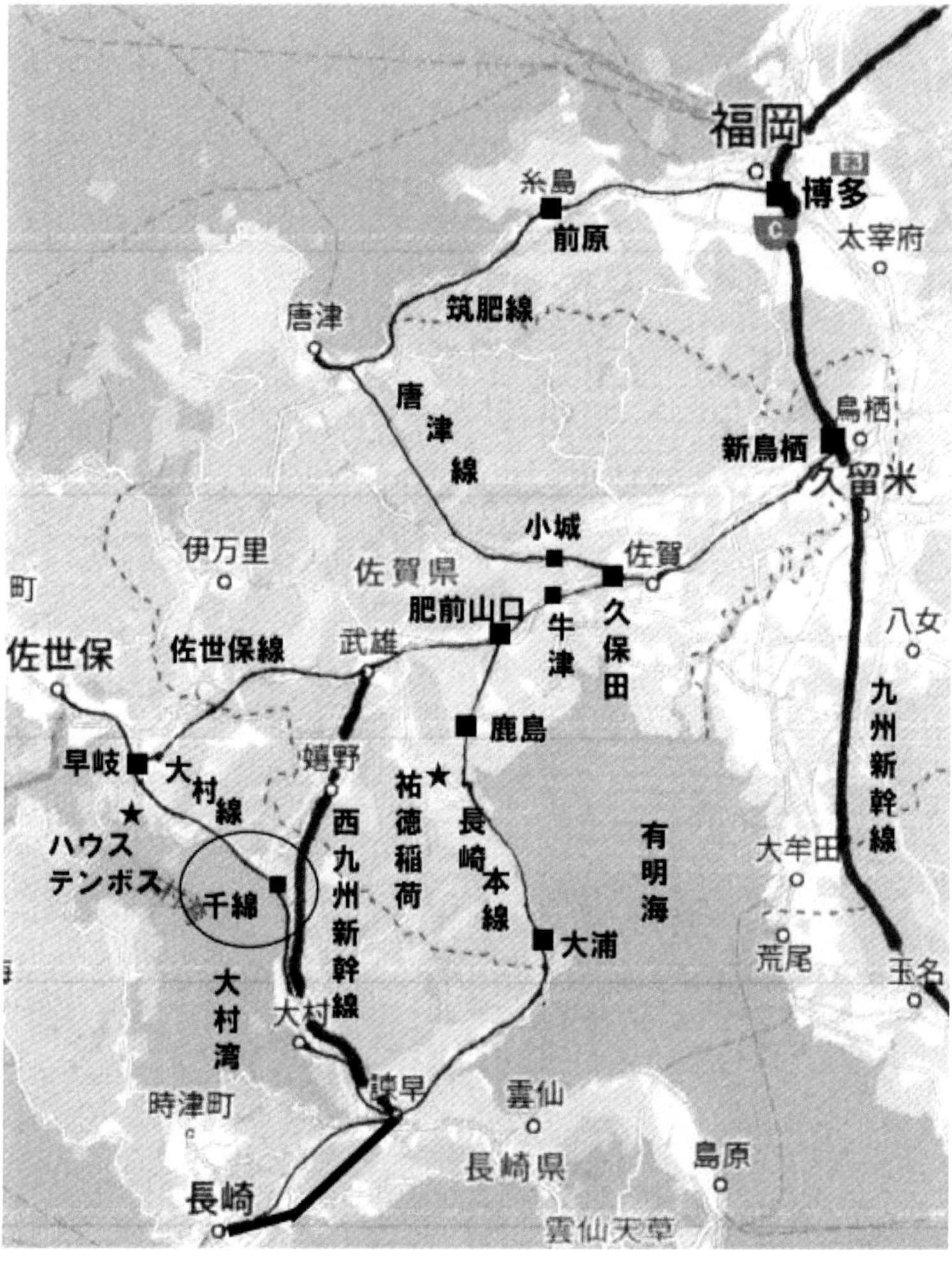
福岡
糸島
博多
前原
太宰府
唐津
筑肥線
唐津線
鳥栖
新鳥栖
久留米
伊万里
小城
佐賀
佐賀県
町
肥前山口
牛津
久保田
八女
佐世保
佐世保線
武雄
鹿島
早岐
大村線
嬉野
祐徳稲荷
長崎本線
九州新幹線
ハウステンボス
千綿
西九州新幹線
有明海
大牟田
大浦
荒尾
大村湾
大村
玉名
諫早
雲仙
時津町
長崎県
島原
長崎
雲仙天草

高度成長期に首都圏・関西圏で24時間働く企業戦士を運んだ栄光の103系電車。今は定年退職して、前原〜西唐津間で、のんびり働いている

間は未着工どころか計画すらも立っていない状態である。そんな状況で、博多発の「リレーかもめ」で武雄温泉駅で乗り換える方法で強引に一部開通させた。一説には今の「リレーかもめ」方式は50年続くとまで言われている。

9月に入ると、たて続けに台風が発生し、台風の合間の残暑厳しい9月14日、鉄分補給の目的で鉄道旅に出た。旅のコースは、おおまかに言えば鈍行を乗り継いで長崎に行き、戻りは特急かもめという日帰り旅である。

前原発11：41の103系電車で唐津に行き、そこから唐津線で久保田駅（長崎本線）を目指した。久保田駅13：50発の早岐《はいき》行きに乗り換える予定だった。

乗り間違った気動車

が……。

　ここで痛恨のミス。佐賀駅から来た唐津行きの気動車に間違って乗ってしまい、今来た方向へ逆戻り。車内放送を聞いて気づいたが、あとの祭。

　乗り間違えた理由は、私のうかつなミスだったが加齢と言われれば、返す言葉がない。

　あえて言い訳を言わせてもらうとすれば、久保田駅の駅前で一服していたら、「1番線に電車が入ります」のアナウンス。あわてて、ホームに上がり、入って来る気動車にカメラを向けた。2枚撮って、そのまま乗車。1両編成の気動車が長崎本線の列車のはずがないと普通なら分かるし、何より前面の行先表示を見れば一目瞭然なのに乗車してしまったので

久保田駅

小城駅から牛津駅への道

ある。

　全くドジな話で、自分に腹が立ったが、小城駅でとりあえず降りた。久保田駅への戻りの時刻を見ると予想通りの70分後。

　駅前には客待ちのタクシーはなく、再び待合室に戻って、小城市の観光地図を見た。牛津駅が近そうに見えた。

「よし、歩いて行こう」と炎天下の中、歩き始めた。（後日、距離を調べたら4・5キロ）途中ヒッチハイクも考えたが、歩き通して大量の汗とともに牛津駅に着いた。

　牛津駅発14：57の列車で再出発となった。ほぼ1時間のロスタイムとなったが、この列車は、歩かずに列車を使って戻った場合と同じだった。結局、炎天下のウォーキングは愚かな無駄足だった。

　牛津駅から隣の肥前山口駅まで快調に走ったが、この先になると単線のため極端にスピードが落ち、

行き違いのための待ち時間もあってイライラした。リレーかもめに乗った乗客も同じ感想を持つだろう。

武雄温泉駅に着いた。隣の新幹線駅ホームで、かもめの試乗会が開催されていて、N700Sかもめの新幹線車両もいた。そのホームから新幹線の高架路線が南側の山のトンネルへと続いていた。

有田の駅を過ぎて、早岐駅に16：01に着いた。早岐駅は、かのチェッカーズの藤井フミヤが駅員として勤務していた駅で有名であり、鉄道交通の要衝である。

昔は大村線が長崎本線だった。1934年に肥前山口〜諫早間の有明線が開通すると、こちらが長崎本線に昇格した。

ただ大村線は周辺人口も多く、軍港佐世保と商港長崎を結ぶ重要な路線であり続け、現在、両都市間を「シーサイドライナー」という快速とYC1系ハイブリッド気動車が走っている。

早岐で16：02発のYC1に乗り換えた。駅を出るとすぐに右手に早岐の瀬戸が見えた。やがて対岸にハウステンボスの建物群が顔を出し、早岐の瀬戸をライン川に見立てると、なんとなくオランダかドイツを旅しているような気になるから不思議である。彼杵《そのぎ》駅を過ぎると、左側から国道34号線が迫って来て国道と並走。今回の旅の最大の目的地千綿《ちわた》駅に16：36に着いた。

途中下車をして駅周辺を歩き回った。すべてが半世紀前の面影を残してしているのが懐かしかった。目的のドライブインを訪れたが、すでに空地になっていた。

ここには切ない思い出があった。

52年前、私は一浪が決まると、予備校と自動車学校の費用を稼ぐため、3月から8月まで日本通運で上乗《うわの》り（トラックに同乗して荷物の上げ下ろしをする仕事）のバイトを始めた。月に1～2度は長崎便に乗ることがあった。朝9時半に福岡を出て国道34号線を走ると、千綿駅近くのドライブインで昼飯の時間になった。食後30分の休憩時間があったので、私は千綿駅近くの眺めが良さそうな場所で休憩していた。鉄道も国道も海沿いに走っていて、大村湾の眺めが素晴らしく、心が洗われた。

そこへ、ドライブインの若い女性店員から声をかけられた。

「あら、日通のおにいさん」

「あ、ドライブインの……」

「こんなとこで何してんですか?」

「この駅が好きで駅と海を眺めながら、休憩しています。うちの運転手は胃が弱くて、食後30分はトラックに乗らないことにしているんですよ。初めは時間つぶしのつもりやったけど、この風景が大好きになりました」

「そうですか。こんな辺鄙な田舎なのに……」

「ここは本当に心が落ち着きますね。夕陽を想像しただけで鳥肌が立ちます」

「私もここの夕陽は大好きです。そこまで褒めてもらえると地元の私は嬉しいです。

千綿駅

あ、駅への出前の途中なんでこれで失礼します」と彼女は岡持ちを持って駅の中に消えた。

それから、長崎便に乗る度にドライブインで食事をしたが、名前は、「訊かず教えず名乗り合わず」だったが、周りから「ユリちゃん」と呼ばれているのが分かった。その大人びた雰囲気の割に、世間話の中で、彼女が、ほんの1歳年上と分かった時は驚いた。

私は8月から深夜便の勤務に替えてもらい、昼間、自動車学校に通うことにした。7月の中旬に長崎便に乗った時、ユリちゃんに、

「食事に来るのは今日が最後です。肉野菜いため定食、美味しかったです」と伝えた。

国道34号線と千綿駅

そのあと、いつものように駅近くで休憩していると、ユリちゃんが現れた。

「時間がないので、手短かに話します。私、今年の10月から、福岡のスーパーに勤めることになりました。あなたとお話しして福岡で働く勇気をもらいました。職安の紹介でサニーに応募したら採用されました」

「サニーで？　そりゃ、良かったね」

「私、田舎がキライなくせに、都会で働くのもイヤだったんです。田舎もんとバカにされるような気がして……。私、実家が彼杵《そのぎ》の茶農家で、高校卒業しても家の手伝いとかバイトでフラフラしていたんです。でもあなたが私の故郷を褒めてくれて、なんか自信がついたんです」

「じゃ、僕があなたの人生に火をつけた

千綿駅ホーム。ＹＣ１系　ハイブリッド気動車

ことになるわけやね」と、私はジッポのライターでタバコに火をつけ、ジッポの炎を見せた。

「前から言おうと思ってたけど、あなた未成年の受験生でしょ。タバコは早いんじゃない？」

「確かに未成年やけど……。そこじゃなくて、火をつけた話をしたんやけど」

「そうでしたね。あなたのおかげで、私の気持ちに火がつきました。それで、あなたにお礼を言うべきだと思って……」

ユリちゃんはここで言葉が途切れ、しばし、沈黙の時間が流れた。

「思い切って言います。もし福岡で再会できたら、その時、名前を教えてください」

「まあ、それは構わないけど……」

「ちょっと、店を抜け出てきただけなので、もう戻らないと……。それじゃ」と彼女は店の方向に歩き始めた。そして振り返って、

「あなたがスーパーで私を見かけたら声をかけてください。約束ですよ」

と、恥じらいの表情を見せ、再び店の方へ急ぎ足で歩き始めた。

私はその後ろ姿に、声をかけた。

「ユリちゃーん……。福岡で逢おうね」

ユリちゃんは、名前を呼ばれたことに驚いて振り返り、複雑な笑顔を見せて、手を

日没間近の大村湾

振って、会釈をして路地に消えた。

　その後、私は8月に免許を取り、9月から受験体制に入った。受験が終わって、サニーを見かける度に店に入ってユリちゃんを探したが、ユリちゃんと再び会うことはなかった。


　切ない思い出を千綿駅に残して17：44の長崎行きのＹＣ1に乗った。列車は大村湾沿いに走るので、日没間近の車窓からの眺めは最高である。

　人家が密集した竹松駅に着いた。昔、この駅の海側には旧日本軍の海軍工廠があり、かの有名な紫電改という戦闘機を製造していた。戦後は海上自衛隊・陸上自衛隊の施設となり、現在は、はるか西方の海に睨みをきかしている。竹松駅を過ぎると諫早駅まで新幹線の高架が薄暮の中に白く浮き上がって続いていた。列車の中は帰宅中の高校生が多く、青春ドラマの一幕のようなシーンが展開されていた。

長崎に着いた時はとっぷりと日が暮れていた。ここからは特急かもめで博多までまっすぐ帰る予定だった。新装なった長崎駅を歩き回って夕食の駅弁を買って、19：55発のかもめ44号に乗車した。私は自由席8号車に乗ったが、なんと乗客は私一人で1両貸切状態だった（博多駅で降りた時は三名だった）。

てっきり、別れを惜しむ乗り鉄が、それなりに多いかと覚悟していたが、拍子抜けした。多分、廃止の日、9月22日の最終便は山手線並みに大混雑することだろう。

諫早からは有明海側に出て、海沿いのカーブを、車体を揺らして快走。日没後だったが、夜の有明海を眺めながらの駅弁は乗り鉄に鉄分を大量に補給してくれた。

佐賀・長崎の県境を過ぎると肥前大浦駅である。ここは竹崎カニが有名で、ワタリガニのシーズンには特急が停車する。特急は大浦駅を全速で車体を揺らして走り抜けた。

かもめは疾走し、真っ暗な有明海の対岸に大牟田らしき街灯りが見え、その真上に寝待《ねまち》の月が昇ってきていた。単線であるので、駅間距離が長い所では、信号所で列車交換（行き違い）をした。

かもめは鹿島駅に着いた。鹿島と言えば祐徳稲荷が有名である。日本三大稲荷のひとつであり、豪壮で真っ赤な社殿には圧倒される。福岡市民が車で初詣をする場合、祐徳稲荷が第一選択である（大宰府は大渋滞で懲りる）。

地方都市の悲しさというべきか、鹿島市は人口が減少している。なんとか博多への特急の停車駅ということで踏ん張ってはいるが、西九州新幹線で一番打撃を受けるのが、本線から外れる鹿島市と想像される。新幹線がなければ、特急が1日往復45本停車する駅なのである。

その昔には、関東関西に進学・就職する友人を見送るためホームの夜行列車で泣き笑いがあって賑わっていただろう。それだけに鹿島市が新幹線に大反対する気持ちは十分過ぎるくらい理解できる。

鹿島を過ぎると肥前山口駅に着く。昔、ブルートレイン全盛の頃、長崎を出た列車と佐世保を出た列車がこの駅で連結され、「あかつき」として新大阪へ向かった。下りの場合はここで2編成に分割される。新幹線開通に合わせて駅名が江北《こうほく》駅に変わるようだが、肥前山口は、鉄道ファンには有名な駅名だっただけに残念である。江北町内でも反対意見が多いらしい。私も大反対である。

ここまでくれば、複線となり佐賀は近い。佐賀平野を130キロで走りぬけて鳥栖に至り、鹿児島本線に合流した。かもめは、最後に二日市に停車して博多駅に21：57

787系電車

にすべり込んだ。

私が今回乗車したのは７８７系電車で、以前「リレーつばめ」で使用されていたもので、長崎本線に投入されると「黒いかもめ」と揶揄された。８８５系「白いかもめ」の振り子電車に乗ってみたかった。でも、噂では振り子電車の方が揺れるそうであるが、７８７系でも十分に揺れが多くて、乗り心地が悪かった。

ネットでは「長崎本線のかもめはよく揺れる」といじられている。今後「リレーかもめ」も揺れまくるのではないかと心配である。


博多～長崎は、かもめで約2時間。新幹線を使えば1時間30分。わずか30分早いだけである。旅人であれば、この30分が有明海沿いの美しい車窓風景を犠牲にするに値する時間かどうかだけの問題で済む。しかし鹿島・多良・大浦などの沿線市町村にとっては死活問題なのである。

一方、歓喜に沸く町もある。山の中にあって今まで鉄道駅がなかった嬉野温泉である。「初めての駅。しかも新幹線」と、はしゃぐ気持ちはよく分かる。乗換駅の武雄温泉も湯治客の増加を期待しているようだ。同じ佐賀県内で明暗を分けた。

今後は、残った新鳥栖～武雄温泉間をどうするかが課題である。この区間をフル規格で造ると佐賀県の負担は660億円になる見込みで、佐賀県の同意は絶対に得られないだろう。

私はこの区間のうち新鳥栖から肥前山口までの区間はミニ新幹線方式が良いと考えている。ミニ新幹線とは現在、秋田新幹線、山形新幹線で採用されている方式である。ざっくり言えば、在来線に新幹線車両を走らせるやり方である。つまり線路を1本増やして三線軌条にして、狭軌（在来線）と標準軌（新幹線）として両規格の列車を走らせる方法である。

両規格に対応できるフリーゲージトレインが様々の理由で開発が断念された。それならば線路の方をフリーゲージ（つまり三線軌条）にすれば解決するんじゃないかと考える。

幸い、この区間はトンネルがなく線形が良いので線路を1本外側に敷設するのは難しいことではない。トンネルの拡張工事をする費用が発生しないから、かなり安上がりになるはずだ。

次に、肥前山口駅から武雄温泉駅までの佐世保線について述べる。この区間は単線だったが、現在、一部、複線化された。一部とかそんな、せこいことをせず、将来のことを考えて、思い切って新幹線フル規格の三線軌条で敷設すべきと提言したい。佐世保線のフル規格化は長崎県に大きな恩恵をもたらすので、佐賀長崎の両県折半で費用分担すれば双方、納得できる負担額になるのではないかと考えられる。

それが完成したら、長崎から肥前山口までがフル規格の新幹線となる。そして、当分の間、肥前山口駅でリレーかもめで乗り継ぎをすれば、肥前山口駅は西九州の鉄道のネットワークの核として復活するに違いない。その間、新鳥栖~肥前山口間の三線軌条のための土地収用を粛々と進め、上下線の片側ずつ工事を始める。それが完成すると博多駅から長崎駅まで乗り換えなしで行ける。

せっかく造った新幹線を生かし、在来線を残すためには、これしか方法がないように思う。30年もすれば、佐賀県側に「やっぱフル規格がよかばい」という声が出るかもしれない。

木次線ＧＧひとり旅

ＪＲ西日本が、管内ローカル線の輸送密度を発表した。鉄道ファンは、これは廃線への布石と読んだ。そして廃線されるのは木次線と芸備線ではないかと予想した。コロナ禍前は、山陽新幹線の黒字でこれらの赤字路線を支えてきたが、もう支えきれなくなったのだろう。今や、木次線や芸備線を利用しているのは「乗り鉄」だけとも言われている。

いわゆる「陰陽連絡道」と呼ばれる路線はいくつかあるが、三江線が平成30年3月に廃止となった。

私は廃線になる前に木次線に乗っておこうと1泊の日程を組んだ。ざっくりした旅程は、

――午後の新幹線と特急で出雲へ。ここで1泊。翌日、木次線に乗って、備後落合に行き、そこから芸備線で新見そして姫新線で津山へ。津山から岡山に行き、新幹線で一気に帰ってくる――

決行日前日の10月3日、前原駅で切符を買い揃え、翌日、前原駅発15：15で博多駅

へ。博多発16：15ののぞみに乗り込んで、新山口に16：49に着いた。のぞみが新山口に停車するのは珍しい。

新山口発17：12の特急「おき6号」に乗った。あらかじめ指定席を取っていたが、取るまでもなく車内はすいていた。向いのホームには多くの高校生がいたが、ほぼ全員スマホの画面に夢中になっていた。私はつい「スマホ見てんじゃねえよ。せっかくの話しかけるチャンスやないか。恋をしろよ」と叫びたくなる。

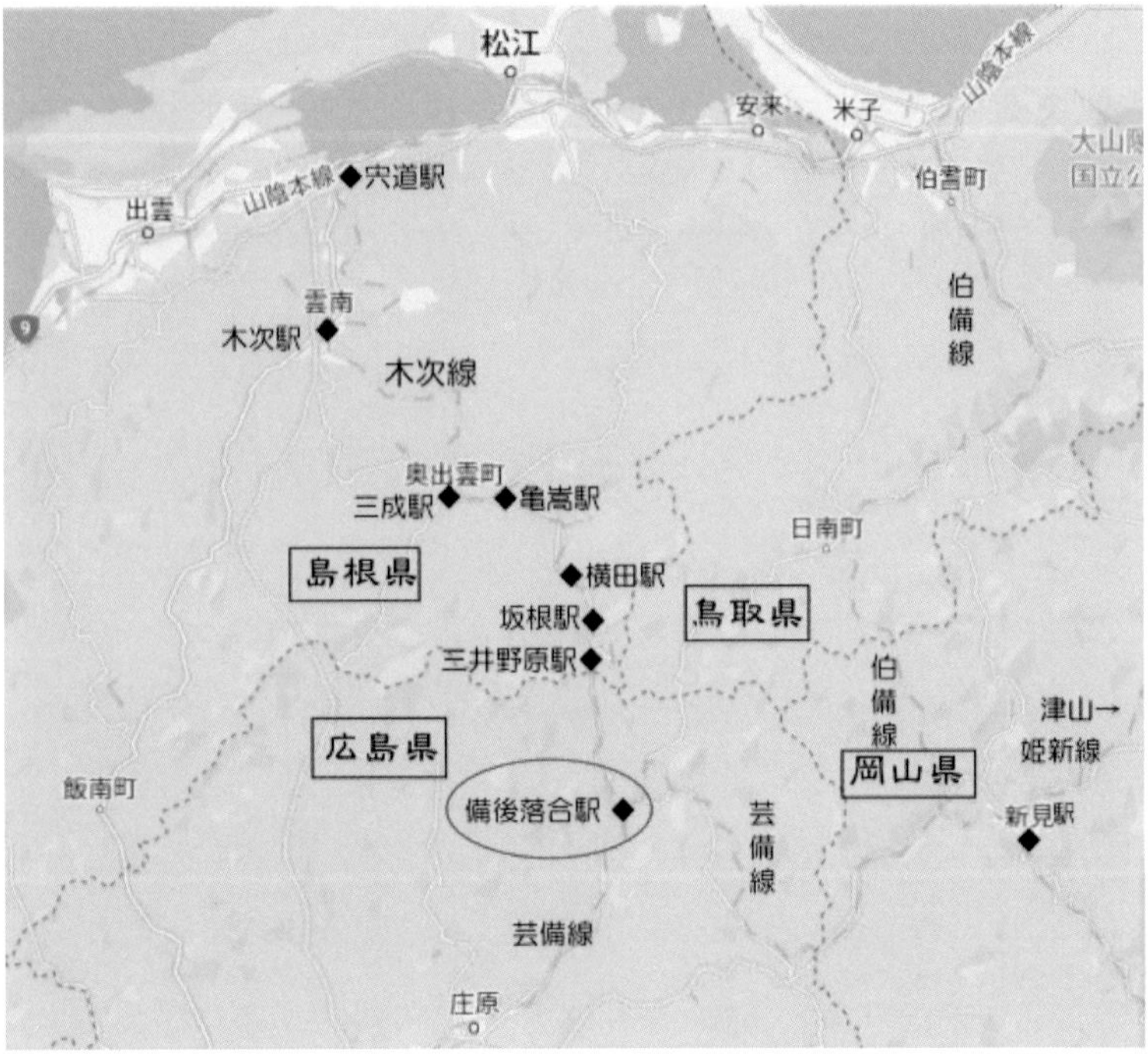

温泉津駅

おき6号は、新幹線と違ってゆったりと発車した。9号線を左に見て、湯田温泉、山口駅を過ぎると少しずつ登り勾配となりエンジンをうならせた。夕闇せまる徳佐駅を過ぎて、分水界を越えると島根県に入った。下り始めたかと思ったら、津和野駅に着いた。外は真っ暗である。なおも、おき6号は国道9号線と併走して標高を下げ、益田駅に着いた。ここから山陰本線になる。

山陰本線を浜田・江津《ごうつ》と快調に走り、温《ゆ》泉津《のつ》駅に着いて出雲市駅到着まであと30分となった20：00頃、ここで突然の長い停車。行き違いのための停車には長すぎると思っていたら、車内放送が……。

「この先、馬路《まじ》・仁万《にま》間で倒木のため、今しばらく停車します」と……。さらに「復旧にはかなりの時間がかかりそうですので、現在、代行バスを手配しております。もうしばらくお待ちください」と……。思わず「馬路？　マジかよ」と呟いた。

私は、宿泊予定のホテルに電話を入れ、事情を説明した。さらに車掌の許可をもらって、駅に降りて、自販機で缶コーヒーとタバコで時間つぶしをした。

足止めを食らった乗客は17名いたが、つくづく感心したことがあった。それは、「乗客の誰一人として、車掌に食ってかかる人がいない。日本人は行儀がいいなぁ」と……。

マナーの悪い外国人のツアー客が混じっていたら修羅場になっていただろう。

代行バスが到着したのは23：30頃。バスに乗りこんで、私は再びホテルに電話した。ホテルでは到着まで待ちますというありがたい返事をもらった。

バスは国道9号線を走った。道路標識を見ると、出雲まで56キロだった。バスは大田市駅に寄り、出雲市駅に着いたのは、日付が替わった24：30だった。

私は駅前のホテル（東横イン）に全力ダッシュして、無事チェックインできた。軽くシャワーを浴びて、寝床に入れたのは1：00だった。駅のベンチで寝るのを覚悟していたから、ホテルに感謝しながら眠りについた。

翌朝8：30に起き、朝食を済ませ、9：50にチェックアウトした。出雲市駅に着くと、なぜか、多くの乗客が降りてきていて混雑していた。大きなスーツケースや団体

サンライズ出雲

ツアー客を見て「サンライズ出雲」が到着したんだと気づいた。

混雑が収まって、私は改札の駅員に、

「あのぅ、昨日、おき6号が止まって、代行バスで来たんで、途中下車の手続きをしていないんですけど……」とキップを見せた。すると駅員は、

「それはそれは、大変ご迷惑をおかけして申し訳ありません」と私の特急券で払い戻しをしてくれた。千数百円ほどの返金だったが、ラッキー。

私はホームに上がり、あこがれのサンライズ出雲の写真を撮った。「いつかこの列車に乗って東京に行くぞ」と密かに決意した。

出雲市駅10：41の気動車で宍道駅に11：01に着き、待望の木次線の列車に乗り込んだ。

宍道駅を11：19に出発した気動車は、大きくカーブして、登り勾配25‰（パーミル）を走って、木次駅に着いた。木次駅は基幹駅で木次線を管理する木次鉄道部があ

宍道駅。右が山陰本線。左に曲がる線路が木次線

り、駅構内もやたらと広い。

木次駅があるのは雲南《うんなん》市で、雲南市は平成の大合併で周辺の町村と合併して人口3万6000人の市となった。木次が雲南市の中心であり、ここは映画「うん、何？」のロケ地にもなった。

木次駅を過ぎて、列車は中国山地の登り勾配をディーゼル音をうならせて走った。田園風景の中を列車は走り、出雲三成《みなり》駅に着いた。ここも、周辺町村と合併して奥出雲町になった。雲州算盤が有名で、映画「砂の器」でも三成の算盤業者（笠智衆）が登場する。三成駅の次が、かの有名な亀《かめ》嵩《だけ》の駅である。

亀嵩から大きくカーブして出雲横田駅に到着した。ここは大きな駅で、この駅で2両編成だった列車が切り離された。前の車

亀嵩駅

両は備後落合へ、後ろの車両は宍道駅に戻る。

木次線全体に言えることだが、やたらクネクネしたカーブの多い路線で、カーブでは極端にスピードを落とす。実際「25」の標識がある。これは鉄道ファンの間でＪＲ西日本の「必殺徐行」と揶揄されている。

つまり、カーブでゆっくり走ることで線路へのダメージを減らし、ひいては保線費用を倹約するという目的がある。その他には、土砂崩れや倒木などがあってもすぐに止まれるスピードで走って安全を図るという目的もある。過去に土砂崩れに突っ込んで、脱線転覆して死者を出した事故も起った。

あの日、おき6号が倒木に突っ込んで転覆していたらと、今になって想像すると背筋が冷える。

木次線で地元住民の利用があるのは横田駅までで、木次線は宍道～横田駅間は生き残ると思われる。

横田駅を過ぎると人家が減り、さらに山奥に進み、出雲坂根駅に到着。なんとここで50分の停車。この50

出雲坂根駅

分の停車は、備後落合駅で三方向の列車が落ち合うための時間調整らしい。

　それと冬以外の週末や祝日のみに運行されるトロッコ列車（奥出雲おろち号）との行き違いのためでもあるらしい。

　いよいよ坂根駅を出発して、木次線のハイライトというべき三段スイッチバックを体験することになる。

　このスイッチバックによって、坂根駅と次の三井野原《みいのはら》駅との１５０ｍの標高差を克服する。並走する国道３１４号線は「おろちループ橋」という二段のループ橋で走りぬける。この名称の由来はループ具合が大蛇がとぐろを巻いた様子に見えるからでもあり、このあたりは「八岐大蛇《やまたのおろち》伝説」で有名な斐伊《ひい》川の源流部にあたる。

　スイッチバックだけでなく、車窓から見

える「おろちループ橋」も見どころのひとつになっている。

また線路は雑草が生い茂り、枝を延ばした木々で車体をこすりながら走った。まるで、廃線になった線路を走っている雰囲気である。

短いトンネルをいくつもくぐり抜け、トンネルの間は木々による緑のトンネルとなっていた。

三井野原駅は標高７２７ｍでＪＲ西日本の駅で標高が最も高い。周辺は開けた高原で、積雪量が多く、バブル期にスキー場ができ、広島駅からスキー専用列車が発着していた。今はそのなごりを残して、２軒の民宿がわずかに残っている。駅前は閑散として寂しい。また、国鉄全盛期には広島と米子を繋ぐ「ちどり」という急行列車も

小雨模様の備後落合駅に到着

走っていた。

三井野原駅を少し過ぎると分水界で、車窓の川の流れが逆になった。広島県（備後）に入り、14：33備後落合駅に着いた。

この駅名はその名の通り、この駅で三方向の列車が落ち合うことに由来している。林業盛んな高度成長期には駅員・保線員など200名ほどの職員が常駐していて、駅前には旅館・タクシー会社・飲食店が軒を並べ、「落合銀座」と呼ばれていた。

しかし、今はその面影はかけらもない。残っているのは、廃屋のような車両格納倉庫跡や雑草に覆われた転車台だけで、職員の独身寮跡地や店舗跡など寂寥感が漂う。民家らしき家が2、3軒あるのが不思議である。この駅だけはなんとしても残してほしいと思う。
もし、私がＪＲ西日本の社員なら以下の提言をする。
①落合駅に縁結びの出雲大社の分社を勧請し、ホームに分社と鳥居を建造
②肥薩線真幸《まさき》駅の「幸福の鐘」をパクって同じような鐘を設置（肥薩線廃線になったら移設）
③落合駅を舞台としたアニメか小説を出す。内容としては、賑やかな頃の落合駅周辺で少年時代を過ごした幼なじみが20年後に落合駅で再会する恋物語。落合駅が「聖地」となる
④平日もトロッコ列車を運行。定期運行の気動車の後ろに小型のトロッコを連結

⑤駅近くに18キッパー（青春18切符で旅する若者）向けの簡易宿泊所を建設（1泊1000円）

備後落合駅には一日に一度、賑わう時間帯がある。14：30〜40の時間帯である。この時間だけ宍道・三次・新見の三方向からの気動車が落ち合う。

横田駅で車両が分割された時、落合駅行きには20名ほどの乗客が乗っていた。高齢夫婦が一組、撮り鉄の中年男性が一人、ユーチューバーらしき若者が一人、後は定年退職したと思われる私のような乗り鉄GG《じじい》の一人旅である。その20名ほどの乗客はちょうど10名ずつ、三次と新見に分かれた。私は予定通り新見行きに乗った。

備後落合から新見までが、超閑散路線である。木次線のように観光資源もない。真っ先に廃止になるのはこの区間と予想される。

落合駅を14：37に出た列車は中国山地のど真ん中をトコトコと登り下りしながら東へ走った。

少し賑やかそうな東城駅をすぎると、岡山県（美作《みまさか》）に入り、車窓に美しい渓谷美を眺めることができた。高梁川の支流の神代《こうじろ》川である。紅葉の時期は賑わうかもしれない。芸備線はやがて神代駅で伯備線と合流して新見駅に16：01に着いた。

新見駅は中国地方屈指の鉄道要衝の駅である。南北に伯備線、西は広島から芸備線、

新見駅

東へは姫路まで姫新《きしん》線が走っている。

ラーメンで昼飯にしようと、新見駅で途中下車して店を探すが、運悪く定休日や閉店の店ばかりで、仕方なくコンビニで、あんぱんと麦茶を買って、高梁《たかはし》川の河原に降りた。たしか「男はつらいよ」で寅さんがこんな風に河原であんぱんにかぶりついているシーンがあったよなと寅さん気分に浸った。高梁川はかなりの水量で清流だった。最下流には倉敷の町がある。

ラーメンに未練を残して16：52に津山行きの気動車に乗った。高校生数人乗車。地方のローカル線を支えているのは今や通学の高校生だけである。

新見を出てしばらくして日が沈んだ。周りが山に囲まれているから日没が早い。

津山駅

人恋しい黄昏時となった。一風変わった駅名の中国勝山駅（本来なら美作勝山）に着くと仰天することが起った。なんと女子高生の大集団が乗車してきたのである。車両が一気に華やかになった。「女子高か？」と思ったが、男子2名が圧倒されて、隅っこでスマホをしていた。

津山駅に近づくにつれて入れ替わり立ち替わりに高校生が乗車・下車していた。男子高校生は1割くらいだった。（男子は自転車通学？）

夕闇に包まれた津山駅に18：31に着いた。津山市は美作国の中心都市である。ここならラーメン屋くらいあるはずと期待して途中下車した。しかし津山駅は津山市の中心街から離れていて20分歩き回ったが、ラーメン屋を探し当てることができなかった。津山には昔、音楽大学があったが、倉敷に移転し大学名も変わった。駅前には、大きなB'zの看板が飾ってあった。そういえばB'zのボーカルは津山の出身であると耳にしたことを思い出した。。

個人的見解だが、あの高音の裏声で叫ぶような声は好きではない。大滝詠一や村下孝蔵（ともに故人であるのが非常に悲しい）のような優しく響く声の方が心に浸みわたり、癒される。以上余談。

津山でラーメンにありつけなかった私は決めた。

「次の岡山で、ままかり寿司の駅弁を買って、のぞみの中で食うぞ」と……。津山発19：11の気動車に乗り込んだ。ここも単線非電化の路線である。

津山線は岡山市内を貫流する旭川沿いに走った。外は真っ暗で、国道を走る車のヘッドライトが長く続いている。山が遠くなり、人家が増え、ビル群が見えて来ると、列車は岡山駅に20：36にすべり込んだ。

岡山駅では、ままかり寿司を求めて、駅の中を探し回った。だが、すでに売り切れで、車内販売に一縷の望みを託して20：48発ののぞみに乗り込んだ。自由席は1両にわずか数名という閑散ぶりだった。

トンネル直線区間を３００キロで走り、ほどなく広島に着き、車内販売のワゴンがやってきた。しかし、ままかり寿司はなかった。ワゴンのお姉さんは代わりに「柿の葉寿司」を勧めてきた。営業用の笑顔が可愛くてその寿司を買った。

しかし、今まで柿の葉寿司とか食べたことがなく、食べ方がわからなかった。

「葉っぱも食べられるくさ」と葉っぱごと食べた。食感悪く、寿司の味がしない。2個目を食べた。葉っぱの芯が堅くて食べにくかった。3個目以降は葉っぱをはずして食べた。美味しかった。

のぞみは関門トンネルの中を走っていた。ここで、疑問がわき起こった。

「この葉っぱ、食べて大丈夫なんやろうか?」と……。

すぐに、ネットで「柿の葉寿司 葉っぱ食べられる?」と検索した。回答は、

「食べてもいい。害にはならない」

「通常は食べないが、食べる人もいる」

害にならないことを知って安心したところで、小倉駅を過ぎ、博多駅に22:30に着いた。

この時、自由席の同じ車両から降りたのは3名だった。前原駅に帰り着いたのは23:22。前原駅近くのラーメン屋に入ってラーメンの恨みをはらした。

翌朝、胃がもたれた。葉っぱのせいなのか、深夜のラーメンのせいなのかはわからない。

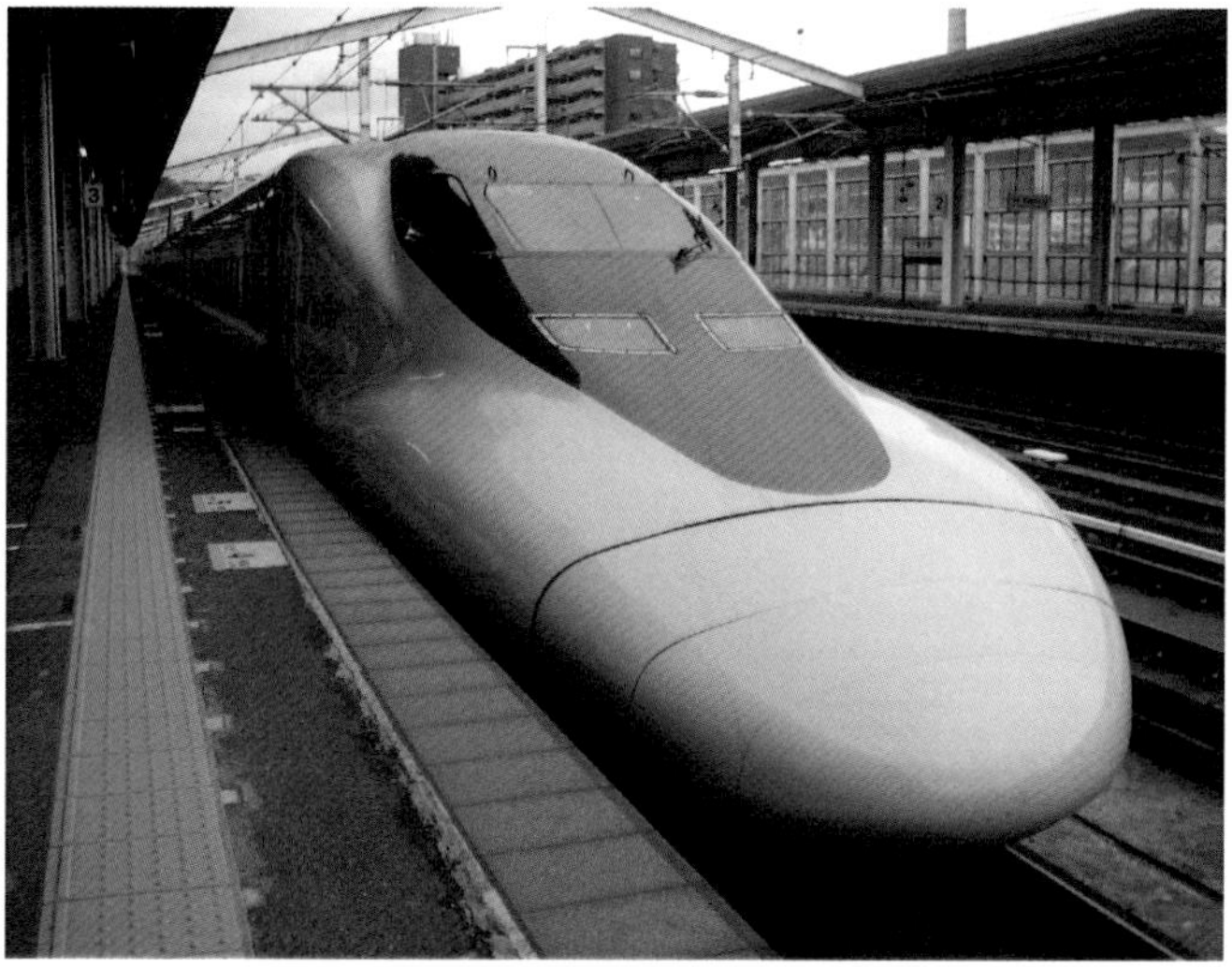

コロナ禍でなかったらモロ不審者。ガラガラの自由席車内。これでは、黒字を出すのは無理だろう

あとがき

私が16歳で、ヒッチハイクの旅を決行した頃、ザ・フォーク・クルセイダースの「青年は荒野をめざす」というフォークソングが流行っていました。この曲は、作詞は五木寛之、作曲は加藤和彦でした。五木寛之氏に煽られて旅立ったというべきでしょう。

♪一人で行くんだ　幸せに背を向けて
　さらば恋人よ　なつかしい歌よ友よ♪

寒さで目を覚まし、すきっ腹で重たいリュックをかついだ時、この曲を口ずさんで励まされました。

♪もうすぐ夜明けだ　出発の時がきた
　さらばふるさと　思い出の山よ河よ♪

宗谷岬

私は、芭蕉の「おくのほそ道」を一人で車を走らせている時
「みちのくひとり旅」を口ずさんでいました。

♪月の松島　しぐれの白河
　お前が俺には最後の女♪

ひとり旅（ソロ旅）は全然、楽しくない。きついし、つらいし、寂しい。だから、旅立ったことを必ず後悔します。
でも、ひとり旅は、やめられない。なぜなら、旅の記憶が、年齢を重ねるにしたがって、ほどよく熟成されていくからです。

どうせいつかは、「死出の旅」というひとり旅をしなくてはいけないのだから、元気なうちに、ひとり旅に慣れておくべきと考えています。

ひとり旅

2024年5月31日発行

著　者　冬乃　玄
表紙絵　大國留美子
発行者　向田翔一

発行所　株式会社22世紀アート
〒103-0007
東京都中央区日本橋浜町3-23-1-5F
電話　03-5941-9774
Email: info@22art.net　ホームページ：www.22art.net

発売元　株式会社日興企画
〒104-0032
東京都中央区八丁堀4-11-10 第2SSビル 6F
電話　03-6262-8127
Email: support@nikko-kikaku.com
ホームページ：https://nikko-kikaku.com/

印刷
製本　株式会社PUBFUN

ISBN：978-4-88877-288-4